EMBARQUE IMEDIATO

AIDIR PARIZZI

EMBARQUE IMEDIATO

UM MUNDO DE DESCOBERTAS E INCERTEZAS

1ª edição / Porto Alegre-RS / 2022

Capa e projeto gráfico: Marco Cena
Coordenação editorial: Maitê Cena e Bruna Dali
Produção editorial: Elenor J. Schneider
Revisão: Gaia Revisão Textual
Assessoramento gráfico: André Luis Alt
Todas as fotos do livro são do acervo do autor.

Dados Internacionais de Catalogação na Publicação (CIP)

P234e Parizzi, Aidir
        Embarque imediato : um mundo de descobertas e incertezas. /
    Aidir Parizzi. – Porto Alegre: BesouroBox, 2022.
       240 p. ; 14 x 21 cm

    ISBN: 978-65-88737-97-2

       1. Relatos de viagem. 2. Memória autobiográfica. I. Título.

CDU 910.4(092)

Bibliotecária responsável Kátia Rosi Possobon CRB10/1782

Direitos de Publicação: © 2022 Edições BesouroBox Ltda.
Copyright © Aidir Parizzi, 2022.

Todos os direitos desta edição reservados à
Edições BesouroBox Ltda.
Rua Brito Peixoto, 224 - CEP: 91030-400
Passo D'Areia - Porto Alegre - RS
Fone: (51) 3337.5620
www.besourobox.com.br

Impresso no Brasil
Novembro de 2022.

"Somos assim. Sonhamos o voo, mas tememos as alturas. Para voar é preciso amar o vazio. Porque o voo só acontece se houver o vazio. O vazio é o espaço da liberdade, a ausência de certezas. Os homens querem voar, mas temem o vazio. Não podem viver sem certezas. Por isso trocam o voo por gaiolas. As gaiolas são o lugar onde as certezas moram" (Rubem Alves em *Religião e Repressão*).

Para Beatrice, Andrew e Nina.

SUMÁRIO

Apresentação...9

Os mapas da incerteza..13

Chicago - O pulso dos Estados Unidos..................................17

O 11 de Setembro - Lições não aprendidas............................23

Boston - Berço da liberdade...26

Alasca - A última fronteira americana...................................32

Utah - A terra prometida...35

Texas - Quase um outro país..41

Dubrovnik, Croácia - A pérola do adriático..........................49

A fé mariana e Medjugorje..52

Campos de paz e reflexão...56

Bodas de Caná - Entre o divino e o humano.........................59

Roma - Caput mundi...63

Pompeia - Os sonhos do apóstolo da república.....................71

Assis - A mensagem viva de Francisco...................................74

Pequenos países, grandes histórias...78

Atenas - Entre a mitologia e a realidade geopolítica..............91

Noruega - Amundsen e o espírito dos fiordes........................95

Islândia - Gelo, magma e sagas 104

Londres - Fonte (quase) inesgotável de curiosidades ... 109

Rainha Elizabeth II - A encarnação da história 115

Liverpool - Um passeio mágico e misterioso 121

Angola - No corpo e na alma do Brasil 127

Moçambique - Encantamento e acolhida 132

Nigéria - O gigante econômico da África 135

Gana - Uma lição de história (também do Brasil) 141

Cidade do Cabo - Heroísmo e luta por justiça 161

Egito - Onde tudo começou 164

Omã - Uma oração ao silêncio 174

Istambul - O portal para o Oriente 177

Índia - Complexidade e fascínio 183

Japão - O sol nascente da sabedoria 194

Pequim, China - A capital celestial 200

Xangai, China - A pérola da Ásia 206

Sichuan, China - Abundância e pandas-gigantes 209

Xinjiang, China - Portal da Rota da Seda 215

Xiam - A glória sob a neblina do tempo 218

Macau - "Las Vegas" com anabolizantes 223

Singapura - O leão entre os tigres asiáticos 226

Bangkok - Um sonho da adolescência 232

O princípio da incerteza 235

Apresentação

Acredito que entre os maiores dos nossos sonhos está o de viajar. Sair do nosso pequeno mundo, do nosso reduzido universo e voar em busca de novos e ampliados horizontes permite-nos crescer em todos os sentidos. Como nem sempre contamos com essa possibilidade, uma das formas mais acessíveis para isso é ler. A leitura é uma rica oportunidade de viajar sem mesmo sair de casa. Como já fez com seu primeiro livro – *Mar incógnito* –, Aidir agora nos faz embarcar em mais uma extraordinária viagem mundo afora.

Mesmo a trabalho, o autor sempre reserva um tempo para mergulhar na alma dos países que visita. Olhar a paisagem lhe é insuficiente, e nisso consiste a grande diferença em relação aos que apenas se contentam com os cartões-postais. Em várias narrativas aqui reunidas, deparamo-nos com a riqueza de civilizações, mas também com os rastros da pobreza e do subdesenvolvimento. Visita tanto os topos quanto os subterrâneos.

Aidir diz que "suas memórias de viajante estão bem mais ligadas à experiência humana, aos encantamentos e, seguidamente, a alguma enrascada do que à beleza natural e arquitetônica dos destinos". É claro que não fogem de seu olhar as grandes obras que a humanidade ousou construir, sempre buscando o sentido que as faz existirem e sobreviverem no tempo.

Morando um bom período nos Estados Unidos, fala com propriedade sobre uma cultura surpreendente. Se, por um lado, há uma Chicago e uma Boston pulsantes em arte, cultura e trabalho, por outro há também um Texas interiorano, mergulhado em esplendor muito menor, lidando com as agruras do homem sem ostentação a exibir. Encanta-se com o místico estado de Utah e suas indescritíveis belezas naturais. Faz uma análise apropriada das causas e consequências do 11 de Setembro, apontando para uma lição ignorada e não aprendida.

É crítico em relação ao armamentismo, que tantas tragédias já causou nos Estados Unidos, ao consumismo desenfreado, à pena de morte, ainda existente, e à degradação do meio ambiente, observando o degelo progressivo no território do Alasca.

Embarcamos, a seguir, com destino à Europa, para conhecer alguns países de história memorável. Na Croácia, visita Dubrovnik, que em 1416 baniu a escravatura, considerando-a "uma prática errada, vergonhosa e repugnante". Em Medjugorje, Aidir revigora sua convicção religiosa, o que faz também ao visitar a cidade de Assis, de Francisco e Clara. Em Roma, as estátuas de Garibaldi e Anita remetem ao Rio Grande do Sul, de onde também saiu um ídolo ainda hoje vivo na memória dos italianos, Paulo Roberto

Falcão. Visita Liverpool, para reviver a emoção dos Beatles, mas não se esquece de conhecer ali o Museu da Escravidão, a qual mais uma vez repudia e abomina.

Ao leitor, é concedida uma chegada à Noruega, onde se encontram os descendentes dos vikings e uma sociedade exemplar que privilegia a justiça e a igualdade social. O país é grande reduto de celebridades de variada arte, dá grande importância à cultura e à literatura. Lá existem 5 mil bibliotecas públicas, uma para cada mil habitantes, enquanto, por exemplo, no Brasil essa proporção é de uma para cada 40 mil habitantes.

Da África, o autor desperta reflexão sobre a doída e desumana ação da escravatura. De Angola, de Gana, milhares de seres humanos foram traficados para o Brasil, para uma vida sem direito ao mais alto valor, a liberdade. Na Nigéria, depara-se com fortes esquemas de segurança, há medo estampado na paisagem. Percebe um país rico com incrível desigualdade social. No Egito, observa o organizado caos das ruas, mas também fica frente a frente com sua fascinante história milenar.

Passando por Omã, com sua paz e sua riqueza, por Istambul, com o esplendor da catedral de Santa Sofia, Aidir ingressa em algumas extraordinárias nações do Oriente. Na Índia, uma incursão ao majestoso e fascinante Templo Taj Mahal, túmulo vivo de um tempo secular; e a lembrança de uma grande lição de Ghandi com os apontados sete pecados sociais, perfeito projeto de vida, de diretriz para uma sociedade mais equilibrada, harmoniosa e justa. O autor diz que a cultura indiana é indecifrável, subjetiva e bela e fica impressionado com o contraste do atraso social ao lado do progresso de vanguarda, com expressivo investimento em educação.

Na China, observa seu desenvolvimento veloz e a prevê como a grande potência mundial até o ano de 2030. Xangai, por sua magnitude, merece um capítulo à parte. Aponta o estupendo desenvolvimento de Singapura, mesmo que a qualquer custo. É um país com alto desenvolvimento em educação, valorizando, sobremaneira, os professores. Da capital tailandesa, Bangkok, com seus 11 milhões de habitantes, chamam sua atenção a sujeira, o trânsito caótico, a grande pobreza e o alto índice de suicídios. Por ação do homem, é a cidade mais quente do planeta.

Com Aidir, visitamos museus, igrejas, cemitérios, obras do homem e da natureza, sempre sob um ponto de vista sagaz, pessoal, mas certeiro nas suas avaliações. *Embarque imediato* é o seu passaporte, leitor. Aproveite para viajar pelo mundo, conduzido pela mão segura de alguém que sabe unir trabalho, cultura e saber, tudo na medida certa, com textos agradáveis e recheados de informação. O livro se abre e se fecha refletindo sobre a incerteza, a dúvida, as sombras de nossa vida, mas que nos conduzem a uma sede interminável de saber e de conhecer.

Elenor J. Schneider

OS MAPAS DA INCERTEZA

"A dúvida não é uma condição agradável, mas a certeza é uma condição ridícula" (Voltaire em carta ao Príncipe Frederick II da Prússia, 1767).

Depois de três decolagens e três pousos bem-sucedidos no circuito do aeroporto regional David Wayne Hooks, em Houston, o instrutor desembarcou, fechou a porta e me desejou boa sorte. Sentindo plena confiança, taxiei o pequeno Cessna até a cabeceira da pista. Para a maioria dos pilotos, o dia mais marcante da carreira não é o da obtenção de uma licença ou certificação, e sim o do primeiro voo solo, sem a rede de segurança do instrutor. Autorizado pela torre de controle, completei as últimas checagens, acelerei a aeronave ao longo da pista 17R e decolei suavemente. Poucos segundos depois, ainda em baixa altitude, iniciei uma curva ascendente que me afastaria do intenso tráfego no espaço aéreo do maior aeroporto da cidade, que leva o nome do ex-presidente George H. W. Bush. Para minha surpresa, escutei uma batida seca e logo senti o vento tomar conta da cabine. A porta direita, por onde o instrutor havia saído minutos antes, não havia sido adequadamente travada.

A decolagem é o momento mais arriscado de qualquer voo, quando dois grandes aliados da aviação – a velocidade e a altitude – ainda não estão plenamente embarcados, por isso qualquer deslize ou distração pode ser fatal. Sem tirar os olhos do nariz do avião e da linha do horizonte, me estiquei até alcançar a porta, fechando-a e travando o mecanismo da maçaneta. Passada a injeção de adrenalina, o restante daquele primeiro voo solo e os repetidos pousos e decolagens do dia foram tranquilos.

Meu sonho de pilotar tinha também uma boa dose de terapia, visto que, apesar das milhares de rotas percorridas, eu tinha um certo medo de voar em aviões comerciais. No controle da aeronave, ao escutar o ronco dos pequenos monomotores, o medo evapora, ainda que, graças ao treinamento e a outros pequenos imprevistos em voos posteriores à obtenção da licença – uma perda do rádio em uma aproximação para pouso e uma avaria na bomba de vácuo em outro voo solo –, passem pela mente possíveis cenários de emergência ou mudanças situacionais inerentes da aviação, como fatores meteorológicos, falhas mecânicas, pássaros míopes, interferência do controle de tráfego aéreo e outras incertezas. A propósito, estou convencido de que as incertezas, em seus aspectos de dúvida, interrogação e perplexidade, tornam qualquer travessia mais interessante ou, quem sabe, deem o verdadeiro sentido às jornadas terrenas.

Entre os séculos XIX e XX, até mesmo as ciências exatas passaram a estudar e quantificar mais profundamente a incerteza, em uma tentativa de medir a natureza. A pesquisa científica passou a adotar o erro e a imprecisão como forma de expansão do conhecimento, rendendo-se ao incerto como portal para novas descobertas. Graças à teoria da probabilidade, a imprecisão pôde ser razoavelmente domada, e as flutuações da realidade passaram a se encaixar em leis matemáticas. Desde a teoria de Galileu sobre o jogo de dados, chegamos ao século XX com a conclusão de que, na profundidade do mundo real, existem incertezas fundamentais, e a revolução quântica adotou o inesperado e o aleatório para descrever partículas elementares da natureza, aceitando cientificamente fatores indispensáveis de indeterminação.

Da ciência, como solo mais palpável, decolamos para a vastidão multidimensional da mente humana. Considerar a dúvida como mola propulsora de conhecimento e evolução nos abre um universo infinitamente maior. A incerteza nos impulsiona para o futuro, projetando harmonia e realização naquilo que considerávamos ameaçador.

Conhecer outras culturas e as múltiplas realidades de pensamento e percepção nos ajuda a nos entendermos, sendo essa talvez a forma mais efetiva. Enquanto as certezas quase sempre nos impedem de decolar, a dúvida nutre e orienta, ao indicar o que nos motiva e o que pode nos tornar contribuintes em uma humanidade imperfeita, que tende a nos puxar, tal qual gravidade, para a acomodação e o conforto. De fato, passar pela vida sem se entregar às incertezas fundamentais sobre nós e sobre o mundo parece ser um gigantesco desperdício.

Embora tenha viajado quase sempre sozinho, fiz espetaculares passeios com amigos e com minha família, em viagens que têm uma característica especial, e nas quais tudo o que vivemos e sentimos é imediatamente compartilhado e traduzido para nossas formas possíveis de comunicação. Viajar só, contudo, traz uma experiência mais profunda. O que vivemos fica guardado na essência, sem a necessidade de encaixar tudo em palavras e imagens com as quais estamos familiarizados. Cada um desses "voos solos", mesmo para lugares onde tenhamos estado, é uma experiência distinta e, no bom sentido, perturbadora, em que a viagem interior se torna tão ou mais importante do que a paisagem e a história do lugar onde aterrissamos. A incerteza, sempre presente, é semente de descobertas e faz com que pessoas e acontecimentos, ao nos deixarmos guiar pela boa dúvida, se tornem sábios profetas.

Eu não escrevo sobre todos os lugares em que estive, pois procuro me concentrar naqueles que, de alguma forma, me transformaram. O que aprendemos e registramos é resultado de inspiradoras incertezas que temperam com nebulosidade a inércia enfadonha do céu limpo. Que ao menos algumas dessas perplexidades não sejam só minhas e que despertem novos e reveladores desafios.

Chicago
O pulso dos Estados Unidos

Aquela não era minha primeira mudança de país, mas ficou especialmente marcada por não ter expectativa de retorno à terra natal. O destino era a Grande Chicago, metrópole que domina o nordeste do estado americano de Illinois, às margens do gigantesco Lago Michigan. Na virada do milênio, tratava-se de uma transferência profissional para a matriz da montadora de caminhões Navistar International, empresa remanescente da McCormick Harvesting Machining Company, fundada em 1847.

No final do século XIX, a empresa foi foco do protesto que reivindicava uma redução da pesada carga de trabalho de 60 para 48 horas semanais. Em primeiro de maio de 1886, uma greve deflagrada pelos funcionários começou como manifestação pacífica. Nos dias seguintes, porém, terminou em violento conflito com a polícia, culminando no chamado Massacre de Haymarket, com 15 mortes, centenas de feridos e prisão de grande número de trabalhadores, incluindo os sete que acabaram condenados à morte em um julgamento sem prova concreta alguma. A maior parte dos funcionários da McCormick eram germânicos, o que se comprova nos panfletos da época, impressos também na língua de Goethe. Antes de ser executado na forca, as últimas palavras do imigrante alemão August Spies foram: "Virá o dia em que nosso silêncio será mais poderoso do que as vozes que os senhores sufocam hoje".

Por causa desse trágico acontecimento, que serviu de exemplo para protestos semelhantes pelo mundo, o Primeiro de Maio é comemorado como Dia Internacional do Trabalhador em quase todos os países. Uma exceção, ironicamente, são os Estados Unidos, onde a homenagem aos trabalhadores ocorre em setembro, talvez pelo Primeiro de Maio ser considerado um feriado "comunista". Um monumento no centro da cidade marca o local da revolta de Haymarket.

Chicago sempre foi um local de operários, e levas de empregos perdidos e sonhos destruídos geraram sucessivos problemas sociais que até hoje não foram completamente solucionados. Por outro lado, o ambiente proletário deu origem a uma sociedade vibrante e ao gênero musical chamado Electric Blues, que uniu melodias tristes de descendentes de escravos do sul do país com guitarras e sintetizadores do século XX. A amálgama de músicos locais com talentos que migraram de estados como Mississipi e Louisiana segue sendo um dos grandes atrativos da cidade.

Em uma das visitas ao bar e clube de Blues Buddy Guy's Legends, tive a sorte de assistir ao lendário proprietário, George "Buddy" Guy, mostrando por que se tornou influência de músicos do porte de Jimmy Page, Jimi Hendrix e Eric Clapton. Hoje com 85 anos, o virtuoso da guitarra ainda sobe frequentemente ao palco do lugar. O clássico filme *Blues Brothers* (*Os Irmãos Cara de Pau*), de 1980, registra Chicago de forma musical e cômica, terminando em uma cena apoteótica na Praça Daley, entre as monumentais esculturas de Pablo Picasso e Joan Miró.

Entre os vários pontos de interesse da cidade estão a Milha Magnífica, com seus edifícios, do estilo gótico ao moderno, perfilados ao longo da avenida paralela ao lago, os museus de arte, ciência e belos parques, como o contemporâneo Parque do Milênio. A zona central, também conhecida como Loop devido ao circuito suspenso de trens urbanos sobre as ruas, contém uma espetacular concentração de ícones construtivos, como os edifícios Willis Towers (antes conhecido como Sears Towers), John Hancock, Tribune Tower, além do Navy Pier, cais construído para receber a Exposição Mundial de 1893, que avança quase 2 quilômetros sobre o Lago Michigan.

O pitoresco subúrbio de Oak Park atrai admiradores de Frank Lloyd Wright, criador da filosofia conhecida como Arquitetura Orgânica. Wright tinha seu escritório no bairro, onde 25 de suas centenas de casas e estruturas recebem milhares de visitantes todos os dias. O arquiteto considerava Chicago uma das cidades grandes mais bonitas do mundo. Eu, humildemente, concordo. Para mim, nos Estados Unidos, Chicago só é superada por San Francisco, na Califórnia.

◪ Sweet Home Chicago

"Americanos são estatísticos, têm gestos nítidos e sorrisos límpidos, olhos de brilho penetrante que vão fundo no que olham, mas não no próprio fundo" (Caetano Veloso).

O espírito dos Estados Unidos raramente fica claro em visitas rápidas, e menos ainda por notícias, filmes e relatos superficiais. É preciso tempo e experiência real para ter perspectiva e entender mais claramente o povo e a cultura, enraizada ou, por vezes, imposta pelo que chamamos de "jeito americano" (*american way*). Essa percepção, obviamente, se aplica a outros países, especialmente entre as jovens nações das Américas, onde história e tradição ainda não estão solidamente estabelecidas.

Barack Obama, residente de Chicago desde a juventude e primeiro afro-americano presidente dos Estados Unidos, definiu a cidade como um lugar onde praticidade e inspiração existem em harmonia. Uma metrópole que manteve o calor de uma cidade pequena, com um povo que não se importa tanto com origem, passado e crença, focando mais em trabalho e resultados. Eu tive muita sorte de ter Chicago como minha primeira casa na terra do Tio Sam. É um local que representa bem os Estados Unidos, com suas virtudes, benesses e ambições, assim como com suas agruras, seus problemas e conflitos históricos. Chicago é apelidada de "Cidade dos Ventos", mas não pelas rajadas implacáveis do inverno nos Grandes Lagos, e sim, dizem, por constantes mudanças de posicionamento dos seus políticos.

Fundada em 1837, a cidade natal de Hemingway, Walt Disney e Al Capone viu sua população explodir na segunda metade do século XIX, quando consolidou sua posição de maior entreposto ferroviário dos Estados Unidos. A região metropolitana tem hoje 10 milhões de habitantes e Produto Interno Bruto (PIB) de 690 bilhões de dólares, a metade do PIB do Brasil.

A estátua de Ceres, deusa romana da agricultura, reina a 200 metros de altura sobre o prédio do Chicago Board of Trade, o mais antigo mercado de futuros e opções do mundo. A junta comercial, erradamente chamada no Brasil de Bolsa de Chicago, dita os preços globais de dezenas de bens e mercadorias. Criada originalmente para produtos agrícolas e pecuários, como soja, sementes, leite, gado, suínos etc., incorporou com o tempo outros instrumentos financeiros, como taxas de juros, ações, moedas e metais. É o único mercado onde se pode investir em futuros meteorológicos, como volume de chuva, neve, furacões e altas temperaturas.

Por mais que eu estivesse preparado e informado, tive alguns choques inevitáveis durante a adaptação ao país. Um deles diz respeito ao consumismo quase religioso, fomentado por um sistema financeiro voraz, que enxerga mais realização pessoal no acúmulo de bens do que em crescimento intelectual e cultural. A correlação entre riqueza e felicidade não é linear nem proporcional. É, na melhor das hipóteses, fator importante até que se atinja um patamar considerado essencial para a sobrevivência. O que se segue é um platô de relativo contentamento econômico. Apesar disso, somos bombardeados pela falsa premissa de que realização e plenitude são atingidas com fortuna e consumo incontido. Uma sociedade que só visa ao crescimento econômico precisa, automaticamente, manter o nível de insatisfação em alta e incentivar a demanda baseada em emoção, e não em racionalidade. A coação do consumismo é mascarada como liberdade de escolha.

Outro impacto aconteceu em minha primeira semana no país, envolvendo a polêmica emenda da constituição americana que (des)regula porte e posse de armas, ratificada em 1791 e arraigada na cultura local. Parti cedo para uma reunião na fábrica de motores da Navistar e, ao chegar no estacionamento, deparei-me com dezenas de carros de polícia, ambulâncias e equipes de reportagem. Momentos antes, um ex-funcionário havia entrado no prédio com duas pistolas, uma espingarda e um fuzil AK-47. Nove pessoas foram fuziladas e cinco morreram na hora. Atentados desse tipo crescem ano após ano. Nos primeiros dez meses de 2021, houve mais de 700 massacres (4 mortos ou mais) com armas de fogo nos Estados Unidos, com 138 incidentes somente em escolas.

Infelizmente, o Brasil é um dos únicos países que está desenvolvendo política semelhante de escalada armamentista entre a população civil. Nesse aspecto específico, podemos contemplar nosso futuro observando o presente americano. No final do texto citado acima, Caetano Veloso se refere ao nosso país: "Aqui embaixo a indefinição é o regime, e dançamos com uma graça cujo segredo nem eu mesmo sei, entre a delícia e a desgraça, entre o monstruoso e o sublime". Ao norte ou ao sul do Novo Mundo, cada nação a seu modo e com seus contrastes, somos todos tipicamente americanos.

O 11 de Setembro
Lições não aprendidas

Em 2001, ano em que me transferi para os Estados Unidos, estive na cidade de Nova York algumas vezes em treinamento profissional e lá encontrei Gregory Reda. Greg e eu, ambos razoavelmente introvertidos, logo nos identificamos e conversamos bastante nos intervalos dos cursos e durante as refeições. Ele não escondia o entusiasmo com o recente nascimento do filho Matthew que, com o primogênito de 2 anos, Nicholas, e a esposa, Nicole, completava sua bela família. O americano de 33 anos trabalhava na Marsh & McLennan, empresa que tinha seus escritórios na torre norte do imponente complexo do World Trade Center.

Na noite de 10 de setembro daquele ano, embarquei para uma viagem rápida de trabalho a Monterrey, México, onde teria uma reunião na manhã do dia 11 e já à tarde retornaria a Chicago. Durante o café da manhã, no dia seguinte, minutos antes das 9 horas, o televisor do restaurante do hotel mostrava imagens de um incêndio que atingia a torre norte do World Trade Center, explicando que a provável causa seria o choque de uma pequena aeronave. Poucos minutos depois, assisti incrédulo ao choque do segundo avião contra a torre sul, confirmando que estávamos diante de um atentado terrorista de grandes proporções.

O avião é uma das mais notáveis invenções de todos os tempos. Nosso pioneiro da aviação, Alberto Santos Dumont, desiludiu-se profundamente com o uso das máquinas voadoras como parafernália mortífera de guerra no início do século XX, fator que certamente contribuiu para seu suicídio. O que diria ele ao ver o objeto que considerava uma arte transformar-se em instrumento de terror no século XXI? Os ataques terroristas de 2001 foram cometidos por um grupo obscurantista pseudorreligioso, e suas consequências mudaram o mundo. Analisando um pouco mais profundamente, contudo, vemos que são igualmente fruto da sequência de lições não aprendidas por países que, invariavelmente, acabaram se tornando vítimas de suas próprias criaturas.

Os Estados Unidos, cujo território continental jamais havia sido atacado, tomou medidas drásticas e sem precedentes, dentro e fora de suas fronteiras. No final de 2001, invadiu o Afeganistão e derrubou o regime do talibã, organização formada a partir dos mujahedins, os soldados da resistência apoiada e financiada pelos próprios americanos nos anos 1980 quando os invasores da vez eram os soviéticos. O montanhoso país abrigou os principais centros de treinamento dos 19 terroristas que perpetraram os ataques suicidas, 15 dos quais eram cidadãos da rica Arábia Saudita. Em 2003, seguiu-se a injustificada invasão americana ao Iraque, nação com vastas reservas de petróleo, enquanto outro saudita, o fundador e líder do Al-Qaeda, Osama bin Laden, escapava no sentido oposto, refugiando-se no Paquistão.

Vinte anos depois dos atentados, vimos a imagem do último soldado americano deixando o território afegão. No lugar da reconstrução prometida por George W. Bush e seus sucessores, o que ficou para trás, apesar de trilhões de dólares gastos e centenas de milhares de mortos, é um cenário muito semelhante àquele de 2001, com o mesmo grupo pré-medieval no comando do país conhecido como o "cemitério dos impérios". De Alexandre Magno até os norte-americanos, passando por mongóis, persas, britânicos e soviéticos, os erros cometidos no Afeganistão foram incrivelmente parecidos. Mudanças políticas sustentáveis acontecem quando, além do afastamento do radicalismo, mentes e corações são acalentados e cativados com humanidade, respeito aos costumes e paciência de Jó com o progresso gradual. Fórmulas mágicas, truculência, frases de efeito em discursos e imposição de um governo nos moldes ocidentais sobre culturas tribais proporcionam a mesma estabilidade de um castelo de cartas.

Naquele fatídico 11 de setembro, vendo os ataques ao vivo, pensei automaticamente em meu amigo Greg, com quem mantinha contato regular. Desejei que ainda não estivesse no escritório ou que tivesse escapado rapidamente. Enviei-lhe uma mensagem naquela manhã e outras nos dias seguintes. Todas ficaram sem resposta. Semanas depois, recebi de sua esposa a triste notícia: Greg era uma das 2.977 vítimas dos ataques de Nova York. O abalo de sentir a perda e o sofrimento de uma família que conheci de perto superou, em muito, o impacto causado por imagens e números nos noticiários. Resta-nos a esperança de que repetidas lições da história finalmente nos ensinem a não cometer os mesmos erros.

Boston
Berço da liberdade

Boston é uma das cidades mais antigas dos Estados Unidos e a mais importante da Nova Inglaterra, grupo de 6 estados do nordeste americano que, antes de serem "Estados Unidos", já se consideravam o centro político e intelectual do país. Oito presidentes americanos saíram dali, assim como toda a dinastia Kennedy, que residia nos arredores de Boston. Da cidade partiu também a ideia de um governo popular que inspirou os colonizadores a quebrar os laços com a "velha" Inglaterra e criar uma próspera nação.

Uma linha vermelha de 4 quilômetros nas calçadas da capital do estado de Massachusetts marca o Caminho da Liberdade (*Freedom Trail*), passando por vários pontos históricos e marcos revolucionários. Entre eles estão a Old South Meeting House, antigo templo protestante que serviu de sede para a assembleia dos patriotas que iniciaram o movimento chamado Festa do Chá de Boston. O protesto contra impostos exorbitantes e o monopólio do comércio de chá pelos britânicos refletiam, principalmente, o ressentimento da população colonial, taxada pesadamente sem ter representação alguma no parlamento de Londres. Em dezembro de 1773, os colonos invadiram navios ingleses atracados no Porto de Boston e jogaram toda a carga de centenas de baús de chá ao mar. O acontecimento, considerado chave na história americana, foi o estopim da luta pela independência das chamadas Treze Colônias e resultou na formação dos Estados Unidos, em 1776.

O mercado de Faneuil Hall é um dos locais mais visitados pelos turistas americanos, conhecido como berço da independência por ter sido palco dos inflamados discursos de Samuel Adams pela ruptura com o império britânico. Samuel é considerado um dos patriarcas da nação, assim como seu primo John Adams, que em 1797 se tornou o segundo presidente americano, sucedendo a George Washington. Em uma das bancas do adjacente Mercado Quincy, na qual todos os funcionários eram mineiros, provei um saboroso *clam chowder*, sopa de mariscos típica da região. Para acompanhar, foi obrigatório pedir a cerveja mais popular da cidade, uma *lager* que homenageia o revolucionário Samuel Adams.

Boston é um mosaico vivo de nacionalidades e um microcosmo do caldeirão cultural americano, com destaque para as imigrações irlandesa, asiática, portuguesa, afro-americana e, nas últimas décadas, brasileira. Os imigrantes foram acolhidos pela cidade, mesmo que, por vezes, de forma turbulenta. Diga-se de passagem, ainda não conheci outra cidade fora do mundo lusófono onde se escute tanto a língua de Camões pelas ruas.

Como prova da vocação cerebral e acadêmica da região, fiz questão de atravessar o Rio Charles e visitar Cambridge, cidade da área metropolitana de Boston que abriga a Universidade de Harvard, a mais antiga do país, e o Instituto de Tecnologia de Massachusetts (MIT), meca da Engenharia e das Ciências Aplicadas. Até hoje, nada menos que 259 laureados com o Prêmio Nobel passaram por essas duas universidades.

Outro passeio na cidade, contudo, chamou-me ainda mais a atenção: a Trilha da Herança Negra. Ela explora a história da comunidade afro-americana do século XIX em uma região que, embora tenha um histórico abolicionista, ficou marcada por conflitos étnicos e raciais. O roteiro inclui a Casa de Encontros Africana, que é a mais antiga igreja afro-americana do país, e o Memorial do 54º Regimento, que foi o primeiro grupo militar estadunidense formado exclusivamente por soldados negros que lutaram durante a Guerra Civil Americana (1861-1865).

Um comentário quase imperceptível do guia de um desses locais me deixou intrigado, motivando posterior pesquisa mais detalhada sobre um indivíduo que se tornou vital na luta pela abolição da escravidão e no movimento de direitos civis dos Estados Unidos. Um homem que deveria ser muito mais conhecido e estudado, sobretudo no Brasil, pois trata-se de um brasileiro.

◤ O PIONEIRO DA LUTA CONTRA O RACISMO NOS ESTADOS UNIDOS

Emiliano Felício Benício, mais conhecido nos Estados Unidos como Emiliano Mundrucu, nasceu em Pernambuco, em 1791. Filho de um homem de posses com uma mulher escravizada, teve acesso à educação e, como soldado, destacou-se no comando do Batalhão de Pardos durante a Confederação do Equador. Por seu papel no conflito, chegou a ser nomeado comandante do importante Forte do Brum, no Recife, posto que não pôde assumir por resistência da racista elite pernambucana da época. Por ser antimonarquista, foi forçado a fugir do Brasil, fixando-se em Boston depois de passagens pela Grã-Colômbia (atuais Venezuela, Colômbia, Equador e Panamá) e pelo Haiti.

Em um dia frio e chuvoso de novembro de 1832, Emiliano, sua esposa, Harriet, e sua filha, Emiliana, de apenas um ano, embarcaram no vapor Telegraph, que partia da costa de Massachusetts para a ilha vizinha de Nantucket. Durante a travessia, Harriet passou mal e, ao procurar abrigo na cabine do navio reservada para as mulheres, foi barrada sob a alegação de que ali só eram permitidas pessoas brancas. Mundrucu suplicou ao capitão do navio, explicando que havia pagado a tarifa mais cara, por isso a esposa e a filha deveriam ter direito ao local aquecido e mais confortável. O comandante, Edward Barker, impediu o acesso e afirmou: "Sua esposa não é uma senhora. Ela é uma negra".

A atitude desafiadora de Mundrucu já seria considerada pioneira nos Estados Unidos, mas ele decidiu ir bem além e, em 1833, levou o capitão Barker para a corte de

Boston, em uma ação de quebra de contrato que enfatizava a desumanidade da segregação racial. O litígio é considerado o primeiro processo nos Estados Unidos contra o racismo. O juiz deu ganho de causa ao brasileiro e determinou indenização, mas a decisão foi revogada no ano seguinte pela Suprema Corte estadual. O mais importante, contudo, foi ter estabelecido o precedente gerado pela coragem de Emiliano, inspirando outros negros a buscar seus direitos pela via judicial. O julgamento foi manchete em todos os jornais dos Estados Unidos e em muitos periódicos europeus.

Nos anos seguintes, Emiliano se tornou um eminente ativista no combate à segregação em escolas, meios de transporte e espaços públicos. Assim, em janeiro de 1863, celebrou ao lado do mais famoso herói abolicionista, o ex-escravizado Frederick Douglas, quando Abraham Lincoln proclamou a emancipação de todos os cativos dos Estados Unidos. Deve-se registrar também o papel de sua esposa, Harriett, pessoa culta que mostrou ter espírito corajoso ao se casar com Emiliano, no tempo em que ele ainda era um recém-chegado imigrante católico que mal sabia falar a língua inglesa.

O historiador da Universidade de Leeds, Lloyd Belton, estudioso de Mundrucu, disse recentemente: "É incrível que um imigrante negro brasileiro tenha sido a primeira pessoa na história dos Estados Unidos a desafiar a segregação em um tribunal. É ainda mais incrível que quase ninguém saiba quem ele é".

O pernambucano inspirou uma geração de afro-americanos com sua inconformidade e seu senso de justiça. Ele viajou com a família várias vezes à terra natal depois que o império brasileiro o perdoou pela luta pregressa contra a regência. Os obituários em Boston atestam que Emiliano e Harriett foram pessoas generosas, responsáveis, extremamente viajadas e muito respeitadas pela comunidade.

Os Estados Unidos honram e admiram seus heróis, ignorando eventuais falhas em favor de uma história palatável e inspiradora. No Brasil, infelizmente, poucos erros passam despercebidos, e pessoas que teriam muito a contribuir para a sociedade são rapidamente desconstruídas, com deslizes perfeitamente humanos assumindo, muitas vezes, um injusto papel de destaque em suas biografias.

Em uma entrevista de 2018, o engenheiro Ozires Silva, fundador da Embraer, contou que, em um jantar em Estocolmo, perguntou a membros do comitê do Prêmio Nobel por que jamais um brasileiro havia sido escolhido. Demonstrando embaraço, um deles respondeu: "Vocês brasileiros são destruidores de heróis. Os candidatos ao prêmio, ao contrário do que acontece com outros países, são duramente criticados por seus próprios conterrâneos". Esse nosso comportamento nocivo, que talvez envolva ciúme, inveja ou desconfiança, seria um interessante tema de estudo para psicólogos e sociólogos.

Alasca
A última fronteira americana

    Entre os inúmeros tipos de testes veiculares em que estive envolvido durante meus anos na indústria automotiva, dois deles sempre me impressionaram, por se referirem às condições climáticas extremas. Para o calor, o local frequentemente escolhido é o Vale da Morte, no Deserto do Mojave, Califórnia, onde as temperaturas passam dos 50 graus centígrados. O destino para os testes de temperatura negativa, de até 50 graus abaixo de zero, é, quase sempre, o Alasca. Além do frio exigido para os testes, o isolamento da região minimiza o risco de espionagem industrial. Assim, a cada inverno, dezenas de equipes, de várias montadoras, desembarcam na cidade de Fairbanks para as gélidas avaliações.

    O Alasca é o maior estado dos Estados Unidos, cobrindo 20% de todo o território americano, e, assim como o Havaí, não faz parte do território contíguo do país. Até 1867, toda essa região pertencia ao czar em Moscou e era chamada de Rússia Americana, até ser vendida aos Estados

Unidos por 7,7 milhões de dólares. Na época, o império russo estava em dificuldades financeiras e seus maiores rivais, os britânicos, ameaçavam tomar o Alasca pela força, sem compensação alguma. Do lado americano, a manobra era uma forma de cercar o Canadá, então hostil aos *yankees* por sua estreita ligação com a Grã-Bretanha. Sob o aspecto comercial, havia um interesse na pesca da região, porém, o que ainda não se sabia, era que o subsolo e a costa do território guardavam mais de 70 bilhões de barris de petróleo, que desde 1959 já geraram mais de 150 bilhões de dólares, ou mais de 90% do PIB do estado. Hoje, os 85 quilômetros do estreito de Bering separam os territórios continentais das duas maiores potências nucleares, e, se considerarmos as ilhas adjacentes que pertencem aos dois países, a menor distância entre russos e americanos é de meros 6 quilômetros.

A paisagem da chamada "última fronteira" é única, espetacular e, apesar do clima gelado, faz a visita valer a pena. São mais de 100 mil glaciares, 3 milhões de lagos naturais, 40 vulcões e 17 das 20 maiores montanhas do país, incluindo o pico mais alto da América do Norte, o Monte McKinley, que recentemente retomou seu nome indígena de Monte Denali. A maior cidade, Anchorage, tem pouco menos de 300 mil habitantes, quase todos envolvidos com a indústria do petróleo ou com o turismo. A capital, Juneau, não é conectada ao resto do estado por rodovias ou ferrovias; para chegar lá, é preciso usar barcos ou aeronaves.

Moram 730 mil pessoas no Alasca, onde há, pelo menos, um urso selvagem para cada 20 habitantes. Cerca de 18% da população é formada por povos nativos da região, como os Inuits e os Yupiks. Concentrados no norte do território, são eles os que mais estão sofrendo com os efeitos das alterações climáticas, visto que, nessas altas latitudes, a temperatura média aumentou em quase 3 graus nos últimos 50 anos.

Nesse ritmo, vilarejos rurais, construídos há séculos sobre o chamado *permafrost* – solo congelado há mais de 30 mil anos –, se transformarão em pântanos inabitáveis em menos de uma década, segundo o Instituto de Pesquisa do Ártico da Universidade do Alasca. Ademais, para os que acham que o que acontece nos polos não afeta nossas confortáveis latitudes tropicais e temperadas, é preciso lembrar que o derretimento do solo nas regiões polares libera vasta quantidade de metano e gás carbônico, cuja quantidade confinada pelo gelo é maior do que a existente na atmosfera, contribuindo assim, significativamente, para o acelerado aquecimento global.

Os povos do Alasca vivem há séculos em harmonia com esse ambiente impiedoso e belo, que nos parece tão excêntrico e hostil, e encontraram formas criativas e eficientes de se sentir em casa. Para entender um pouco desse equilíbrio, volto aos testes automotivos e deixo aqui um relato da equipe de engenheiros que trabalhava comigo nos anos 1990. Estavam 200 milhas ao norte de Fairbanks, dentro do círculo polar ártico, em meio a uma tempestade de neve e 40 graus negativos, quando todos os carros do grupo ficaram incapazes de prosseguir. Foi necessário pedir socorro, por rádio, ao vilarejo mais próximo. Nativos da região foram buscá-los, em trenós de neve, puxados por cães da raça malamute do Alasca. Em uma época em que o GPS ainda não era usual, e sem poderem enxergar mais do que poucos metros à frente, os colegas, que deslizavam velozmente sobre a neve, perguntaram ao condutor como ele fazia para saber se estavam no caminho certo. A resposta foi imediata: "Não faço a menor ideia, mas os cães jamais erraram".

Utah
A TERRA PROMETIDA

Nos Estados Unidos, a partir de 1848, membros da Igreja de Jesus Cristo dos Santos dos Últimos Dias, também conhecidos como mórmons, viajaram por 5 meses para o oeste, percorrendo cerca de 1.300 quilômetros por locais relativamente selvagens para fugir da perseguição que sofriam no leste americano. Brigham Young, o líder da doutrina revelada por Joseph Smith Jr. em 1829, avistou o vale desolado do Grande Lago Salgado e afirmou: "Este é o lugar". Os mórmons se estabeleceram no território conhecido como Utah, que na época ainda era parte do México. A intenção inicial era de criar seu próprio país, mas, décadas mais tarde, ficou claro que os Estados Unidos jamais permitiriam uma teocracia independente dentro de seu território. Em 1896, concessões de ambas as partes permitiram a criação do estado americano de Utah, onde, hoje, mais de 70% da população é formada por mórmons.

Salt Lake City, às margens do vasto lago salgado que deu nome à capital estadual, é muito limpa, organizada e desenvolvida. A região central da cidade é dominada pela rica e imponente estrutura da denominação cristã, abreviada como LDS (*Latter Day Saints*). A Praça do Templo, com belos jardins e modernos prédios de negócios e de administração da igreja, tem como foco central o Templo Mórmon, encimado por seis torres e pela estátua dourada do anjo Moroni. O ser espiritual passou a Smith as tábuas douradas com as inscrições que geraram *O livro de mórmon*, que, para os 16 milhões de membros da igreja LDS pelo mundo – 1,5 milhão no Brasil, atrás somente dos EUA e do México – é escritura sagrada e testamento complementar da *Bíblia*.

Em frente ao templo, visitei o Tabernáculo Mórmon, uma sala de concertos e assembleia construída em 1868, que tem um enorme órgão com 11.623 tubos. A espetacular acústica foi projetada também para receber o famoso Coro do Tabernáculo (recomendo uma busca no YouTube). Destaco ainda a Sala de Concertos Abravanel, o Edifício Memorial Joseph Smith e o mais recente Centro de Conferências. Este último é um enorme palácio de granito e vidro que contém museus, amplos saguões e o maior auditório em forma de teatro do mundo, com 21 mil confortáveis assentos, onde acontece, a cada dois anos, a Conferência Geral dos Mórmons. O auditório, que também abriga outro vasto órgão de tubos, desbancou o recorde do Grande Salão do Povo, em Pequim, que tem 10 mil lugares.

Conversei demoradamente com algumas duplas de jovens mulheres que orientam os visitantes, sempre bastante assertivas na evangelização, e aprendi um pouco mais sobre essa peculiar denominação religiosa, cuja teologia difere razoavelmente do restante do cristianismo e é, por vezes, criticada de forma anacrônica por questões passadas e já resolvidas relativas ao racismo e à poligamia. Fui presenteado com uma cópia de *O livro de mórmon*, que contém a história dos israelitas que teriam emigrado para a América, bem antes de ser América, em duas levas, 6 séculos antes de Cristo e durante o tempo de Jesus. O Messias, que também teria visitado o novo continente logo após sua ressurreição, prepara, segundo os mórmons, uma nova vinda.

Um dos meus interesses por ali era visitar o prédio que abriga o Centro de História da Família (*Family Search*). Em seus vários andares e nos arquivos eletrônicos da organização está o maior repositório de genealogia do planeta. Já na entrada, dezenas de monitores interativos permitem consultar a história de famílias do mundo todo. Ao apresentar minha árvore genealógica paterna, construída em exaustivas pesquisas nas igrejas do norte da Itália e que remonta ao início do século XVIII, fui imediatamente encaminhado a um especialista sobre a região italiana da Lombardia. Após observar em detalhes e incorporar vários elementos aos seus registros, o gentil pesquisador explicou a importância da genealogia para a igreja LDS, relacionada à salvação retroativa das almas de antepassados.

Espero que meus ancestrais, onde estiverem, não se sintam contrariados se, eventualmente, acabarem envolvidos nos chamados batismos vicários dos mórmons. Antes de nos despedirmos, ouvi do funcionário, ao pé do ouvido: "Todos nós temos três mortes: a morte natural, a morte espiritual e a terceira, que ocorre quando nosso nome é esquecido para sempre". Lembrei-me dos egípcios que diziam que, enquanto o nome de alguém for pronunciado, aquela pessoa permanecerá viva.

FENÔMENOS ESCULPIDOS PELA ÁGUA E PELO VENTO

Apesar da tradição religiosa e do conservadorismo característicos do povo local, Utah tem recebido novos habitantes ligados a empresas de alta tecnologia, além de milhares de entusiastas da natureza, atraídos pelas estações de esqui, por esportes, como ciclismo e alpinismo, e pelas paisagens naturais inigualáveis do geométrico estado americano. As belezas naturais das Montanhas Rochosas, que incluem as formações ao norte do estado vizinho do Arizona, compõem uma diversidade geológica única que parece nos transportar para outros mundos. A vastidão e o fascínio desses locais só podem ser plenamente entendidos estando ali, já que fotografias, filmes e descrições não conseguem fazer justiça ao que se vê *in loco*. Desertos, cânions coloridos, gargantas de rios e falésias de tirar o fôlego são uma prova da fantástica força criativa dos ventos e das águas.

A bordo de um *motorhome*, percorri com minha família quase 3 mil quilômetros, passando por vários parques nacionais. No sul de Utah, o Parque Nacional de Sião (*Zion*) é impactante, com vales e cânions formados pela erosão nessa região que, há 13 milhões de anos, era parte do oceano. Na década de 1860, os mórmons ali chegaram e, entusiasmados com a beleza e o gigantismo do lugar, julgaram ter encontrado Sião, a Terra Prometida. O líder

Brigham Young discordou e exclamou: "Apesar de o local ser belíssimo, não é Sião". O nome "Não é Sião" (*Not Zion*) perdurou por anos, até que novos exploradores o encurtaram para simplesmente Zion. Dezenas de trilhas, cascatas, cânions e jardins naturais se espalham entre as curvas suaves de monumentais rochas sedimentares, que variam do branco às várias tonalidades do vermelho.

Mais ao sul, no estado do Arizona, e depois de passar por belíssimas paisagens na Reserva Indígena Navajo, eu não poderia deixar de retornar ao Grand Canyon, considerado uma das maravilhas naturais do planeta. De fato, nada nos prepara para o choque diante do gigantesco, colorido e profundo desfiladeiro, com 16 quilômetros de largura e 440 quilômetros de comprimento ao longo do Rio Colorado. Sempre atentos para evitar aquilo que os locais chamam de "passeio de 12 segundos" falésia abaixo, descemos uma parte das trilhas da borda sul para ter uma visão mais panorâmica do fenômeno natural.

Na fronteira entre Utah e Arizona, nem mesmo uma tempestade de areia passageira atrapalhou a visita ao local que era um dos meus maiores objetivos na região. Cenário de filmes do ator John Wayne e do diretor John Ford, e situado dentro do território da Nação Navajo administrado pelos nativos Anasazi, o Parque Tribal do Vale dos Monumentos (*Monument Valley*) não poderia ter nome mais adequado. A paisagem árida e as espetaculares formações isoladas do platô do Colorado superaram, de longe, as minhas expectativas.

Pensei na diferença brutal entre Brasil e Estados Unidos no que se refere ao respeito e às oportunidades dados aos primeiros donos das Américas, nativos que jamais precisaram de aulas de ecologia para entender a importância da preservação do meio ambiente e de sua cultura.

Outro destaque do itinerário foi a região em torno da cidade de Moab – outro nome bíblico – no centro-leste de Utah, que se desenvolveu a partir de 1950 com a exploração de urânio. Desde então, mineiros foram gradualmente substituídos por turistas. O Parque Nacional dos Arcos, que o escritor Edward Abbey chamou de "local mais bonito do planeta", tem milhares de arcos e torres formados por águas, gelo, sal e ventos. Alguns arcos são tão perfeitos que os primeiros exploradores achavam que teriam sido construídos por civilizações perdidas. Para chegar à maioria deles, são necessárias caminhadas e escaladas. Após percorrer trilhas e morros, fomos recompensados por aquela que é a formação mais impressionante do parque, tanto que se tornou símbolo do estado de Utah: o Arco Delicado, um dos fenômenos naturais mais impactantes que conheci.

Espiritualmente, confesso que não fiquei com a sensação de ter estado na Terra Prometida, mas o que posso prometer é que pouquíssimas pessoas se arrependerão de ter visitado esse que é, na minha opinião, o mais belo estado americano e um dos lugares mais incríveis do mundo.

Texas
Quase um outro país

Após 5 anos na região de Chicago, despachei a mudança e parti de carro para Houston, no estado do Texas, atravessando o país até o local onde fixaria residência pelos 7 anos seguintes. Eu já conhecia bem as principais cidades deste que é o estado mais extenso do território contíguo dos Estados Unidos, porém, viagens aéreas e visitas restritas a grandes centros urbanos nos cegam para a realidade fora dessas ilhas de desenvolvimento. Ao entrar no território texano pela fronteira com o estado de Arkansas, a rota pelas regiões de Texarkana, Marshal e Nacogdoches abriu meus olhos, mais uma vez, para os enormes contrastes de um país que, visto de fora, parece muito mais homogêneo.

A disparidade entre as regiões Sul e Norte nos Estados Unidos tem origem, principalmente, na escravidão e na sangrenta Guerra da Secessão, assunto que mereceria um capítulo à parte. Ao longo das zonas rurais e pequenas cidades texanas, milhares moram em trailers e casebres, queimando o próprio lixo, conduzindo veículos decrépitos e vivendo em condições que, se não chegam à miséria que testemunhamos no Brasil, também não condizem com o imaginário que nutrimos sobre a nação mais rica de todos os tempos. Em contrapartida, o progresso econômico, que ainda não alcançou o interior do Texas, veio com abundância nas grandes cidades do estado. Antes de falar delas, e para entender melhor a região, precisamos retornar um pouco no tempo.

No início do século XIX, o Texas fazia parte do estado mexicano de Coahuila y Tejas quando, em 1825, o americano Stephen Austin liderou 300 famílias (e seus escravos) que se estabeleceram no território. Nos anos seguintes, a ocupação motivou a migração de milhares de estadunidenses, e assim, em pouco tempo, o grupo de americanos já somava mais de 50 mil famílias. O México, recém-independente da Espanha, passou a restringir a autonomia dos invasores, e, em 1833, os frustrados colonizadores enviaram o líder Austin para a Cidade do México com uma proposta para tornar o Texas uma nação independente. Como seria de se esperar, o presidente Antonio Lopez de Santa Anna rejeitou o projeto e mandou prender o emissário americano. Libertado dois anos mais tarde, Stephen juntou-se à violenta revolta contra Santa Anna, que deu início à Revolução do Texas.

Em uma das batalhas, Santa Anna e suas tropas invadiram a antiga missão espanhola de San Antonio de Valero, conhecida popularmente como "Álamo", graças a uma enorme árvore da espécie ao lado da igreja matriz. O local é hoje parte do centro de San Antonio, uma bela e pitoresca cidade que exala latinidade em muitos aspectos. Os mexicanos mataram todos os colonizadores do local e restaram na esperança de que o massacre intimidasse os demais texanos. Cinco semanas depois, tropas americanas lideradas pelo General Sam Houston, imbuídas com o grito de guerra "Lembrem-se do Álamo!", derrotaram o exército de Santa Anna na Batalha de San Jacinto, no local onde hoje fica Pasadena, nos arredores de Houston. Assinado o Tratado de Velasco, o Texas tornou-se independente e passou a se chamar República do Texas, com Sam Houston na presidência. Uma década depois, em 1846, um acordo da nova nação com os Estados Unidos tornaram-na o 28º estado americano.

Apesar do pacto, muitos texanos torcem o nariz até hoje para a união federal. Não por acaso, o chamado estado da estrela solitária tem em sua agradável e ensolarada capital, Austin, um capitólio (sede dos poderes estaduais) dois metros mais alto que o Capitólio de Washington, DC. Percorrendo o belo e imenso prédio, deparei-me com o nome "República do Texas" na decoração do piso, nas portas, nos quadros e até nas lixeiras. Guias turísticos do local ainda contam com orgulho que o estado pode se tornar independente por conta própria a qualquer momento e que nenhuma bandeira estadual, exceto a do Texas, pode tremular na mesma altura da bandeira americana. Ambas as alegações são lendas urbanas ou, usando a nomenclatura da moda, *fake news*.

HOUSTON – ALTA TECNOLOGIA E LONGOS CHIFRES

Recém-contratado por uma empresa do ramo petrolífero com sede em Houston, fui convidado por um dos diretores para jantar em sua casa. Em frente aos portões do condomínio fechado, guardas fortemente armados inspecionaram o veículo e meus documentos. Ao chegar na elegante residência do colega, notei nos jardins da casa ao lado uma intensa movimentação de seguranças e carros policiais e logo perguntei ao meu anfitrião se havia algum problema com o vizinho. A resposta veio com um leve sorriso: "Tudo normal. Ali mora o ex-presidente George Bush Senior". A família Bush está fortemente ligada ao Texas, embora os dois presidentes tenham nascido em estados da Nova Inglaterra (Connecticut e Massachusetts).

Houston, a maior cidade do Texas, é uma metrópole relativamente nova. Com frequentes tempestades, furacões e verões escaldantes alimentados pelo abafado Golfo do México, a quarta maior cidade americana cresceu exponencialmente a partir do início do século XX graças, principalmente, às descobertas de vastas reservas de petróleo e, não menos importante, à invenção do americano Willis Carrier: o condicionador de ar, que permitiu condições mais habitáveis para humanos em um clima mais propício para répteis e anfíbios.

Atualmente, intempéries tropicais são detectadas e mapeadas com dias de antecedência e relativa precisão. No passado, porém, isso não era possível. Poucos quilômetros ao sul de Houston, a cidade costeira de Galveston foi palco do maior desastre natural da história americana quando, no ano 1900, um furacão de categoria 4 (ventos de 250 quilômetros por hora e ondas de até 6 metros de altura) pegou desprevenidos seus 37 mil habitantes, arrasando a cidade e matando um quarto da população. Nos sete anos que morei em Houston, enfrentei alguns furacões, cobrindo aberturas da casa com tábuas e dormindo com capacete ciclístico embaixo da estrutura da escada. O mais violento foi o furacão Ike, em 2008, que deixou meu bairro por duas semanas sem energia elétrica, sem água e praticamente sem vizinhos, que haviam escapado em massa para o norte do estado. Passada a tempestade, resgatei de dentro da piscina móveis do jardim, churrasqueira portátil e muitos galhos de árvores.

Uma característica do Texas, e de Houston em particular, é o contraste entre hábitos rurais e bucólicos, como a criação de 16 milhões de cabeças de gado e tradições que remontam ao século XVIII, e os impressionantes centros de tecnologia, como, por exemplo, uma das principais sedes da agência especial Americana, a NASA (a missão Apollo 13 tornou famosa a frase "Houston, temos um problema"), o maior complexo médico do mundo (Centro Médico do Texas), excelentes universidades, museus e a pujante indústria dos hidrocarbonetos, que fez de Houston a capital mundial do petróleo.

Outra particularidade marcante do Texas, mais do que no restante dos Estados Unidos, é a cultura enraizada das armas de fogo entre a população. Não falo somente em pistolas e fuzis, mas também na proliferação de armamento semiautomático e de uso militar nas mãos de civis. O acesso a esse arsenal é fácil, especialmente nas feiras de armas, e quem não tem uma ou várias em casa acaba se tornando uma exceção. Além disso, o estado é notório pela aplicação quase trivial da pena de morte, com um terço de todas as execuções do país levadas a cabo na prisão estadual de Huntsville, cem quilômetros ao norte de Houston. A obsessão com a morte como solução, contudo, parece não gerar resultado prático. Os índices de criminalidade, os frequentes atiradores em escolas e locais públicos, o número de assassinatos etc. são indicadores que falam por si, e os últimos anos mostram que a pena capital tende a cair em desuso. É claro que, para quem é nascido e criado imerso em tal realidade, torna-se difícil deixar de achar isso tudo muito normal e necessário.

No livro *Ensaio sobre a cegueira*, José Saramago define o medo como a maior de todas as desculpas. De forma especial em países com pouca bagagem histórica, como nas Américas, pessoas chegam ao descalabro de sacrificar racionalismo, humanidade e a própria liberdade em favor de uma pseudossegurança. Com isso, ideologias políticas baseadas no medo da violência e do terrorismo, na xenofobia ou no pavor do marxismo e de outros anacronismos acabam, eventualmente, se tornando plataformas de governo.

DALLAS, TEXAS – VAQUEIROS, CONSPIRAÇÃO E MISTÉRIO

Cerca de 400 quilômetros ao norte de Houston, a metrópole Dallas-Fort Worth é outro exemplo da pujança texana. Fort Worth é uma cidade simpática e agradável, com arquitetura, museus e grandes rodeios que remetem à sua origem, como ponto avançado do comércio de gado e algodão no século XIX. O ambiente de antigos ranchos e os chapéus de vaqueiro por toda a parte – inclusive no uniforme da polícia local – ajudam a entender algumas leis estaduais que, apesar de soarem bizarras, ainda não foram revogadas.

Para citar alguns exemplos, no Texas é ilegal ordenhar uma vaca de outra pessoa; para cavalgar à noite é obrigatório o uso de luzes traseiras na montaria; uma pessoa é considerada legalmente casada se os noivos anunciarem a união por três vezes em público; e, finalmente, quem tiver a intenção de cometer um crime, deve avisar a vítima com 24 horas de antecedência. Adjacente a Fort Worth, Dallas viu sua economia decolar graças, sobretudo, ao petróleo e, apesar de ter várias atrações turísticas, o ponto central de qualquer visita à cidade nos leva a reviver um trágico acontecimento que, como confirmam os mais antigos, chocou o mundo todo.

Em 22 de novembro de 1963, durante a campanha eleitoral, o presidente americano John Kennedy estava em visita a Dallas, a maior cidade do norte do Texas. Em frente ao prédio do Depósito de Livros Escolares, a limusine presidencial conversível, que também conduzia a primeira-dama, Jacqueline Kennedy, o governador do Texas e sua esposa, fez uma curva à esquerda e descia a avenida ao longo da Praça Daeley quando dois projéteis atingiram a cabeça e o pescoço do presidente, tornando-o o quarto presidente americano assassinado no exercício do mandato. Em poucas horas, foi preso o suspeito, Lee Harvey Oswald, de 24 anos. Dois dias depois, em frente às câmeras de televisão, o dono de um bordel local, Jacob Rubenstein (Jack Ruby), embrenhou-se entre os policiais que transportavam o prisioneiro e, à queima-roupa, fulminou Oswald mortalmente. Foi o primeiro assassinato da história transmitido ao vivo pela TV e, segundo especialistas, uma óbvia queima de arquivo.

Os dias que se seguiram foram de perplexidade e comoção no país e em boa parte do mundo, com a população alimentada por teorias da conspiração, todas elas negadas pela versão oficial da investigação ordenada por Lyndon Johnson, o vice texano que assumiu o poder. Em 1976, contudo, um comitê do congresso dos Estados Unidos divulgou uma série de revelações envolvendo o serviço de inteligência (CIA) e a polícia federal americana (FBI). A conclusão apontou o assassinato de Kennedy como "provável resultado de uma conspiração". O caso tornou-se um dos eventos mais debatidos da história americana, e o sexto andar do prédio de onde teoricamente saíram os tiros é hoje um museu e memorial, repleto de imagens, objetos, testemunhos e boa dose de sensacionalismo. Da janela onde estaria o atirador, avista-se hoje um "X" sobre o asfalto, no local exato em que o presidente estava quando foi alvejado.

O Texas, embora tenha diferenças evidentes com o restante do país, é também, por sua riqueza de contrastes, a caricatura de uma nação com enormes contradições e ambiguidades. A terra do Tio Sam é rica e inspiradora, mas também provinciana e narcisista. Uma nação obsessiva com uma liberdade conceitual e, ao mesmo tempo, imperialista, dominadora e com a maior população carcerária do planeta (dois milhões de presidiários). Um povo de imigrantes que inclui todas as nacionalidades e que é, em grande parte, desconhecedor e desinteressado em relação ao resto do mundo. A pátria da oportunidade e da ação afirmativa é a mesma que vive em constante conflito com a porção escravagista e misógina de sua história.

Quando cheguei aos Estados Unidos, nos anos 1990, fascinava-me a ideia de estar em uma nação exuberante e que tinha o olhar no futuro, o que logo se confirmou. Da mesma forma, depois de décadas percorrendo diversos rincões americanos, tanto geográficos quanto culturais, impressionou-me o fato de a "terra dos livres" ser também, como o Brasil, um país demasiadamente prisioneiro do próprio passado.

Dubrovnik, Croácia
A pérola do Adriático

A nação croata habita os pescoços estrangulados de muitos de nós. A gravata (a palavra vem de *Hravatska*, nome do país na língua eslava) é originária da Croácia, país de 5 milhões de habitantes, independente da antiga Iugoslávia desde o início dos anos 1990. Localizada na convergência do Mediterrâneo, dos Alpes e da Planície da Panônia, situa-se também ao longo de perigosas fronteiras políticas – impérios bizantino e franco no século IX, católicos e ortodoxos desde o século XI, Europa cristã e Turquia islâmica entre os séculos XV e XIX e, nas últimas décadas, entre grupos étnicos que causaram o último conflito devastador na Europa do século XX, nos Bálcãs, entre 1991 e 1995.

Por mera sorte, ou quem sabe intuitiva antecipação, visitei certos lugares antes que se tornassem superlotados de turistas. Um exemplo é Chernobyl, antes de a série de televisão de mesmo nome transformá-la em atração macabra. Em Dubrovnik estive meses antes de a cidade se tornar cenário para o seriado *Game of Thrones* e para o filme *Star Wars – o último jedi*. Motivos relativamente mundanos, como produções cinematográficas, acabam poluindo um pouco o real significado e a rica história de certos locais.

Separada fisicamente do restante do país por uma faixa de terra que liga a Bósnia e Herzegovina ao Mar Adriático, e distante 600 quilômetros da capital Zagrebe, Dubrovnik é uma das fortificações medievais mais espetaculares da Europa. A pérola do Adriático, como chamou o romântico poeta inglês Lord Byron, tornou-se a sede da República de Ragusa entre os séculos XIV e XIX. O dramaturgo irlandês George Bernard Shaw chegou a escrever que "aqueles que buscam o paraíso na terra devem vir até Dubrovnik". Um exagero, é claro, mas caminhar pela cidade antiga e sobre os 2 quilômetros de muros que resistiram a séculos de ataques nos ajuda a entender por que a cidade de 43 mil habitantes merece tamanha reverência. Mostrando ser uma sociedade progressista desde a origem, Dubrovnik baniu a escravidão em 1416, condenando-a como "prática errada, vergonhosa e repugnante". O Brasil só chegaria a esse ponto, sem a mesma ênfase, quase 500 anos depois.

As muralhas, construídas entre os séculos XII e XVII, com até 6 metros de espessura, jamais foram transpostas por forças inimigas. O portão principal dá acesso ao Stradun, rua com aparência única e calçamento liso de pedra calcária. No final da alameda, o viajante é recompensado com a magnífica Catedral da Assunção da Virgem Maria, construída sobre um templo bizantino do século VII e financiada pelo Rei bretão Ricardo I (o Coração de Leão).

Foi uma forma de o monarca agradecer por ter sobrevivido a uma tempestade na costa de Dubrovnik em seu retorno das Cruzadas.

Próxima dali, uma das 1.200 ilhas da costa da Dalmácia chama a atenção pela beleza e por ser beneficiária de uma tradição inventada, a de que ali teria nascido o lendário Marco Polo. Quarenta minutos de barco levam até Korcula, ilha que, como Dubrovnik, fazia parte da República de Veneza quando Marco nasceu, em 1254. Tudo indica que o renomado explorador na verdade nasceu na cidade de Veneza, porém, quando uma anedota se torna benéfica para o turismo local (o monstro do Lago Ness é outro exemplo), acaba virando tradição popular, ainda que tenha sido fabulada.

Entre 1991 e 1992, as montanhas que pairam sobre Dubrovnik foram ocupadas pelo Exército Popular da Iugoslávia, que bombardeou ferozmente a cidade durante a Guerra da Independência Croata. Quase tudo foi reconstruído, mas ainda há vestígios de violência das batalhas étnicas entre sérvios e croatas. A escalada pode ser feita em um teleférico, de carro ou a pé. A caminhada é interessante, porém é bom ficar atento aos alertas de minas terrestres fora da trilha principal.

O gênio Nikola Tesla declarou várias vezes ter orgulho tanto da pátria natal, a Sérvia, quanto de sua origem croata. Infelizmente, essa clareza de pensamento e humanidade faltou aos seguidores de líderes genocidas como Radovan Karadžić e Slobodan Milošević, posteriormente condenados pelo tribunal de Haia. Sobre isso, ouvi de um nativo no Museu da Guerra, em Dubrovnik: "Um doido pode, eventualmente, produzir um rebanho de adeptos que, aconteça o que acontecer, o seguirão cegamente".

A fé mariana e Medjugorje

Carrego comigo, desde a adolescência, um pequeno bilhete, com quatro letras apenas: "*mphc*", que são as iniciais, em latim, para uma frase do Movimento de Schoenstatt, que quer dizer "A mãe cuidará perfeitamente". Mais do que uma prece, é uma afirmação de devoção filial a uma mulher, chamada Miriam, hebraico para Maria, que morou, há mais de dois mil anos, na pequena comunidade de Nazaré, na Galileia. Sobre essa jovem judia, os evangelhos falam muito pouco, o que não impediu que se tornasse um símbolo de sacrifício, sofrimento e amor para grande parte do mundo cristão. Pela aceitação de sua missão e do consequente sofrimento, gerou uma devoção milenar, celebrada em pinturas, esculturas, música, bem como em templos, catedrais, lugares e cidades que levam seu nome e seus muitos títulos.

Maria é considerada mediatriz entre Jesus Cristo e os homens. Em uma das tantas representações da dimensão de seu amor materno, uma das esculturas mais famosas de todos os tempos, a Pietà, de Michelangelo, apresenta a mãe de Jesus desproporcionalmente maior do que o filho morto em seus braços, para quem ela direciona sua ardente compaixão. Além disso, seu rosto jovial, esculpido no mármore, incompatível para a mãe de um homem de 33 anos, representa a pureza incorruptível.

Recentemente, em uma capela da Catedral de Trento, Itália, ajoelhei-me diante de um antigo crucifixo esculpido em madeira. Aos pés daquela estátua, em 1563, o Papa Pio IV e os bispos que formavam o Concílio de Trento, que durou 18 anos, promulgaram resoluções e decretos que visavam renovar a Igreja Católica diante da Reforma Protestante. Um dos trechos do concílio tornou-se uma das frases mais repetidas e conhecidas dos católicos e foi incorporado às duas passagens bíblicas que eram recitadas desde os primeiros cristãos: a anunciação do anjo Gabriel, em Nazaré, e a saudação de Isabel, pressentindo Jesus no ventre da prima Maria. Essa combinação resultou na oração *Ave-Maria* que conhecemos hoje. Outra deliberação do Concílio de Trento refere-se ao processo de reconhecimento e aprovação das manifestações marianas. Das mais de 2 mil alegadas aparições, do ano 40 até os dias de hoje, 16 delas foram aprovadas pelo Vaticano. Uma das mais recentes, reconhecida pela Igreja como expressão de fé, mas ainda não como manifestação sobrenatural, é a da Virgem de Medjugorje, na Bósnia e Herzegovina.

Em uma tarde ensolarada do outono de 2011, subi com Carolina, então com sete meses de gravidez, o pedregoso e íngreme Monte Podbrdo, hoje mais conhecido como Colina da Aparição, na pequena cidade de Medjugorje, a 150 quilômetros da capital, Sarajevo. No topo, uma escultura de Maria, Rainha da Paz, marca o local da primeira aparição, em 1981, quando a região ainda era parte da antiga Iugoslávia. Centro de peregrinação desde então, a cidade de 5 mil habitantes gira em torno da hospitalidade dos milhões de peregrinos que ali aportam anualmente.

A Guerra da Bósnia, entre 1991 e 1995, afetou fortemente a região, e as mensagens recebidas pelas seis crianças, de origem croata, alertavam, mais de uma década antes, para o cenário de morte e destruição que se seguiria. Duas das videntes, Mirjana e Marija, ainda alegam receber mensagens, respectivamente, no 2º e no 25º dia de cada mês. Independentemente da veracidade dos fatos, o fervor que se vê nos locais das aparições e na Igreja de São Tiago, o principal templo católico da cidade, por Nossa Senhora de Medjugorje, confere, por si só, uma aura mística ao local.

Fora do cristianismo, Maria está presente no *Corão*, livro sagrado dos muçulmanos, onde é a única mulher a ser citada, e por mais vezes do que na *Bíblia*, e reverenciada como virgem perpétua e a maior entre as mulheres. O texto central do Islã, ao se referir a Jesus, chama-o sempre de "o filho de Maria". A conexão entre islamismo e cristianismo remete também à cidade mais importante da região de Medjugorje. Mostar tem cerca de 100 mil habitantes e, além de acolher muitos peregrinos de Medjugorje, é marcada pela tradição muçulmana, herdada do período turco otomano na região. Sobre o Rio Neretva, que atravessa a cidade, foi construída, no século XVI, a Ponte Velha, um dos pontos turísticos mais visitados desse país desmembrado da antiga Iugoslávia.

Em um povo que viveu por décadas sob uma ditadura brutal e ainda está muito marcado por recentes guerras, é notável que tenha se tornado um dos três maiores centros de devoção e peregrinação mariana, juntamente com Lourdes, na França, e Fátima, em Portugal. Tão ou mais importante do que fenômenos sobrenaturais, Medjugorje segue sendo motivo de conversão para alguns, reflexão para muitos e causa, no mínimo, para quem ali esteve, algum grau de perplexidade.

CAMPOS DE PAZ E REFLEXÃO

A bela e medieval cidade tcheca de Kutna Hora está a 70 quilômetros da capital Praga, com quem rivalizava política, econômica e culturalmente até o século XVI. Entre os belos palácios barrocos e as construções medievais, típicos da região da Boêmia, um templo em particular atrai muitos turistas e curiosos. Um pouco fora da cidade, no subúrbio de Sedlec, a despretensiosa Igreja de Todos os Santos guarda, em sua câmara inferior, uma aura de mistério e morte que também pode proporcionar reflexão e aprendizado.

Em 1278, o abade de Sedlec foi enviado pelo rei da Boêmia a Jerusalém. Em seu retorno, trouxe um pouco de terra do Monte Gólgota, onde Cristo foi crucificado, e espalhou pelo cemitério que circunda a Igreja. Assim que a notícia chegou ao povo local, aquele solo passou a ser considerado sagrado, e pessoas de toda a região, esperançosas por um atalho fácil ao Reino dos Céus, passaram a querer suas sepulturas naquele entorno. A repentina demanda e o aumento das mortes causado pela Peste Negra no século XIV resultaram em exumações em massa dos corpos que ali jaziam, e ossos de cerca de 40 mil pessoas foram empilhados nos porões da Igreja.

Em 1870, Frantisek Rint, um artista local, foi convocado para vasculhar e organizar o ossuário, e o resultado, fruto de anos de trabalho, é impressionante. Rint criou obras de arte que incluem candelabros, painéis, paredes cobertas com caveiras e decorações feitas com ossos por toda a capela. Apesar de macabro, o local nos leva fatalmente a reconhecer nossa breve e insignificante existência material.

Em Portugal, vi locais semelhantes, ainda que com relativo menor valor artístico. Junto à Igreja de Nossa Senhora do Carmo, em Faro, um oratório foi cravejado com ossos e caveiras dos frades que ali viveram. Mais ao norte, em Évora, na entrada da capela que guarda os ossos de mais de cinco mil frades, uma mensagem enfatiza o *memento mori* ali representado: "Nós ossos que aqui estamos pelos vossos esperamos". A relevância de meditar sobre nossa transitoriedade aparece também em um poema atribuído ao Padre Antônio da Ascenção, lido na capela dos ossos: "Aonde vais, caminhante, acelerado? Para... não prossigas mais avante; negócio, não tens mais importante do que este, à tua vista apresentado".

Pode parecer estranho, mas considero interessante visitar cemitérios, especialmente os que contêm arte ou nos quais estão sepultadas pessoas que fizeram diferença significativa para a humanidade; mas também outros, menos famosos, mais antigos e com poucos visitantes. A consciência da mortalidade pode ser grande conselheira, e essas visitas têm um efeito interessante para quem, é claro, estiver disposto a escutar as mensagens que elas trazem. São lugares que, no silêncio, nos ajudam a refletir, manter a vida em perspectiva e expandir a mente.

Entre os que me chamaram mais a atenção estão os cemitérios do Monte das Oliveiras, em Jerusalém; Arlington, próximo à capital americana, onde John Kennedy faz companhia a quase meio milhão de soldados; Novodevichy, em Moscou; Tikhvin, em São Petersburgo, que já citei em um artigo anterior; La Recoleta, em Buenos Aires; Graceland, em Chicago; Highgate, em Londres, onde jaz Karl Marx; o mais visitado de todos, Père Lachaise, em Paris, última morada de Balzac, Proust, Chopin, Maria Callas, Asturias, Rossini, Moliére e muitos outros famosos, incluindo os túmulos mais populares do local, de Oscar Wilde e Jim Morrison. Por último, o mais impressionante que visitei, pela beleza dos monumentos, das esculturas e pelas dimensões: o Cemitério Monumental de Staglieno, em Gênova, que, fonte de inspiração para Friedrich Nietzsche e Mark Twain, é digno de um golpe da síndrome de Stendhal para qualquer pessoa que caminhe pelas galerias, pelos campos e pelas vielas desse tesouro italiano.

A palavra "cemitério" vem do grego e significa local para dormir, porém não é à toa que em outras línguas o chamam de campo ou jardim de paz. Para alguns, são locais que expressam paz sepulcral, da qual fogem constantemente, enquanto, para outros, trazem paz que acorda para aquilo que realmente interessa. Em nossa limitada percepção, não sabemos se e o que levaremos da vida terrena. Cemitérios, contudo, nos alertam também para o que é irrelevante: justamente aquilo que, com certeza, não carregaremos conosco e que, por vezes, toma tristemente a maior parte de nossas metas, ações e pensamentos. É claro que não se trata somente de pensar no que importa após a morte, mas, da mesma forma, no que nos torna melhores e mais realizados antes que ela chegue.

Bodas de Caná
Entre o divino e o humano

Quem visita o Museu do Louvre, em Paris, certamente passa por uma pintura do italiano Paolo Veronese chamada "As Bodas de Caná" (*Nozze di Cana*, 1563). O óleo sobre tela, que levou 15 meses para ser concluído, foi encomendado por monges beneditinos para decorar o magnífico refeitório projetado por Andrea Palladio para o Monastério de São Jorge, em Veneza. Em 1797, a pintura foi confiscada como espólio de guerra pelas tropas de Napoleão e jamais foi devolvida pela França.

É difícil deixar de perceber a obra-prima de Veronese entre as mais de 35 mil obras em exibição na antiga residência dos reis franceses, pela harmonia da composição e riqueza de detalhes, mas também por suas dimensões. O quadro de dez metros de largura por sete de altura é a maior pintura do museu parisiense. Ainda assim, pouquíssimos turistas dão à obra a devida atenção, provavelmente devido ao local em que está colocada, no chamado Salão de Estado, a maior peça do Louvre. Ocorre que, na parede oposta da mesma sala, centenas de câmeras, celulares e cotovelos se digladiam diariamente para admirar a pintura que é considerada a mais valiosa do mundo: a esplêndida, pequena (77 x 53 centímetros) e ilustre Mona Lisa (Gioconda, 1517), de Leonardo da Vinci, avaliada atualmente em cerca de 850 milhões de dólares.

Na representação de Veronese do primeiro milagre de Jesus, típica do Alto Renascimento, o sagrado se mistura ao profano, mostrando um evento bíblico adaptado ao período da concepção da obra. O simbolismo religioso é magnífico. Apesar de os convidados estarem na sobremesa, um cordeiro está sendo cortado sobre a figura central do Cristo, identificando o episódio de Caná como precursor do sacrifício da Eucaristia na cruz. Abaixo de Jesus, músicos – os pintores Ticiano, Bassano, Tintoretto e o próprio Veronese – tocam instrumentos diante de uma ampulheta, ressaltando o contraste entre vaidade e finitude.

Outro paradoxo está presente nas opulentas vestes dos noivos, bem à esquerda na tela, e de seus convidados, retratando monarcas e nobres da época (entre outros, Francisco I da França, Maria I da Inglaterra e o sultão otomano Solimão, o Magnífico), em oposição aos trajes simples de Jesus, sua mãe e seus apóstolos, que chamam para si o protagonismo religioso da cena. Em uma análise superficial, a primeira impressão é de incompatibilidade entre o tema piedoso e a extravagância da festa. Veronese, contudo, usou sutileza, rigor e inteligência para harmonizar o divino e o mundano, indissociáveis em nossa mortal natureza, elevando a pintura além da mera beleza artística e convidando a uma profunda reflexão.

O relato das Bodas de Caná, no segundo capítulo do Evangelho de São João, é um dos trechos do Novo Testamento que sempre me impressionaram. A presença de Jesus em uma festa de casamento denota o abono ao matrimônio, mas, bem mais que isso, descreve um casamento dentro de outro, com Cristo e Maria selando uma aliança entre o celestial e o humano. O simbolismo da transformação vai além da simples aparição do vinho (o divino) e mostra a dependência da água (o humano) na realização do milagre. A boa nova trazida por Jesus está igualmente representada: a água, usada tradicionalmente como purificação no judaísmo, é substituída pelo sangue de Cristo na tradição cristã.

No princípio do texto bíblico, o evangelista descreve a súplica tácita de Maria, "eles não têm vinho", a resistência inicial de Jesus, "minha hora ainda não chegou", e a confiança da mãe, que alerta os servos, "façam o que Ele lhes disser". Finalmente, com a transformação da água em vinho, Jesus iniciou o período essencial de sua missão terrena, que culminou em suas palavras na cruz: "Tudo está consumado". Em outra clara conexão de Caná com a Paixão, o soldado romano crava a lança no peito de Cristo crucificado e do corte, segundo João, sai inicialmente água e, ato contínuo, sangue, sacramentando o simbolismo do primeiro milagre.

Observando a pintura de Veronese, notamos que Cristo parece não participar ativamente da festa. Em vez disso, o Nazareno olha diretamente para o observador da obra, sublimando o episódio cotidiano do matrimônio para conduzir ao sentido holístico da presença divina no universo material. Ao final do dia, quando o museu fecha as portas e o silêncio inunda o recinto, imagino Lisa Gherardini, a Mona Lisa, tentando desvendar com seu enigmático olhar o significado místico da imagem à sua frente.

Roma
Caput mundi

O poder que Roma exerceu por mais de mil anos influenciou a história de todo o mundo ocidental. A estrutura de poder e a flexibilidade política e religiosa tornaram a expansão do império romano muito rápida e eficaz. Do norte da Inglaterra (a Escócia resistiu bravamente) até a costa da África e o Egito, e de Portugal até Síria e Turquia, o domínio imperial representava a vasta maioria do mundo conhecido pelos europeus. O nome de César, que não chegou a ser imperador romano, eternizou-se nos títulos dos monarcas e foi adotado em outros países (Czar ou Tzar para os reis eslavos, Kaiser nos países germânicos, Qaysar nas línguas indo-iranianas etc.).

As marcas dessa dominação, posteriormente amplificada pelos Estados papais, permanecem vivas pelas ruas de Roma. Assim como levamos camisetas, chaveiros e ímãs de geladeira dos lugares que visitamos, os romanos traziam obeliscos do Egito como lembrança, alguns com mais de

30 metros de altura. Oito deles estão nas ruas e praças de Roma, bem como no centro da Praça de São Pedro, no Vaticano.

Roma foi a primeira cidade conhecida a ter mais de um milhão de habitantes, já no ano 133 a.C. A próxima a chegar nesse número foi Londres, somente em 1810. As regiões do Foro Romano, Coliseu e Monte Palatino (origem da palavra "palácio") guardam as principais ruínas da capital imperial, com seus templos, palácios, ruas e estradas pavimentadas, aquedutos, sistema de esgoto (*cloaca maxima*), locais de entretenimento e os primeiros centros comerciais. A mais famosa e representativa construção é o Anfiteatro Flaviano, mais conhecido como Coliseu, onde gladiadores, que se enfrentavam até a morte, e animais selvagens contribuíam para o deleite dos até 50 mil espectadores. Durante os primeiros 100 dias em que celebraram sua inauguração, em 72 d.C., mais de 9 mil animais, incluindo tigres, girafas e leões, foram mortos na arena, que também era eventualmente inundada para simular batalhas navais. Estima-se que mais de meio milhão de gladiadores morreram em combate no Coliseu, até o dia em que um monge chamado Telêmaco, no século V, colocou-se entre dois gladiadores na arena, em protesto pelo fim das sangrentas lutas. O público presente o cobriu de vaias, insultos e, finalmente, pedras, martirizando-o. Os governantes, contudo, se sensibilizaram com o acontecido e, contrariando o povo, proibiram dali em diante as lutas entre gladiadores.

Entre os inúmeros pontos de interesse de Roma, o Pantheon é, para mim, a maior atração da cidade, contendo uma rica história, antiga e contemporânea, embaixo da monumental cúpula semiesférica, até hoje a maior do mundo em concreto não reforçado (*opus caementicium*). Construído há dois mil anos, com tecnologia de concreto que até hoje não foi replicada com a mesma perfeição, para ser o templo de todos os deuses, converteu-se em 608 na igreja católica de Santa Maria dos Mártires. No topo da cúpula de 58 metros de altura, uma abertura (*oculus*) de 9 metros de diâmetro permite a entrada de luz e chuva. Os primeiros reis da Itália, Vittorio Emanuelle II e seu filho Umberto I, estão sepultados ali, assim como a esposa de Umberto, Rainha Margherita (a pizza margherita deve seu nome a ela) e o mestre do Renascimento Rafael Sanzio (1483-1520).

No encontro de 2021 dos países do G20, dois dias depois de minha última visita ao Pantheon, o presidente brasileiro e sua comitiva escolheram uma loja de salames, presuntos e queijos para posar para fotos. A Antica Salumeria fica a menos de 30 metros do Pantheon, onde eles não entraram, talvez por falta de interesse ou pela exigência do passaporte vacinal de todos seus visitantes. No nível pessoal, foi uma oportunidade perdida para valorizar a cultura milenar do local. Para os brasileiros, porém, a perda tem sido maior. Observo com tristeza o desmonte da reputação do Brasil no cenário internacional diante do isolamento e das atitudes do chefe do executivo. Sem julgar os motivos, alerto que nosso país nunca foi tão desprezado, ou, pior ainda, tratado com tamanha indiferença como agora, nem mesmo nos tempos da ditadura militar. Em um mundo globalizado, perdemos moralmente e, para quem só se sensibiliza com cifras, comercialmente também. É claro que, enquanto formos uma nação democrática, segue viva a esperança de regeneração da imagem do país.

◥ ÍDOLOS BRASILEIROS NA CIDADE ETERNA

O Monte Janículo ou, em italiano, Gianicolo, na margem oeste do Rio Tibre, é a segunda colina mais alta de Roma, bem próxima ao Vaticano e fora do circuito turístico tradicional. O nome provém da figura mitológica de Jano, deus de duas faces, que representava portais e recomeços (o mês de janeiro também homenageia a divindade romana). No topo do monte, de onde se tem uma das melhores vistas da cidade eterna, está uma imponente estátua do maior herói nacional italiano, Giuseppe Maria Garibaldi, trajando o poncho gaúcho com o qual figura em centenas de monumentos pelos quatro cantos da Itália e até em outros países – há alguns anos, me surpreendi ao encontrar uma estátua de Garibaldi em Nova York. Além do município que leva seu nome na serra do Rio Grande do Sul, o paladino é nome de cidades na Austrália e nos Estados Unidos. Ícone maior da luta pela unificação italiana, Garibaldi é chamado de herói de dois mundos, por sua marcante atuação em revoluções liberais na Itália e na América do Sul, entre elas, como bem sabem os gaúchos, a Revolução Farroupilha.

A poucos metros dali outro imponente monumento equestre, construído em 1932, guarda os restos mortais de uma das brasileiras mais ilustres de todos os tempos: Ana Maria de Jesus Ribeiro da Silva, mais conhecida como Anita Garibaldi. A catarinense de Laguna não é reverenciada apenas por ter sido a leal esposa do grande ídolo nacional italiano, mas, especialmente, por sua participação ativa em batalhas e na defesa dos ideais liberais. Filha de um tropeiro, tornou-se exímia amazona desde a infância e, diz-se, que foi ela quem passou ao marido a maestria na lida com os cavalos. Garibaldi cita a companheira ao longo dos seus escritos, como neste trecho sobre o primeiro encontro dos dois, no litoral catarinense: "[...] Era Anita, a mãe de meus filhos. A companhia de minha vida, na boa e na má fortuna. A mulher cuja coragem desejei tantas vezes [...]. A saudei finalmente e lhe disse: 'Tu deves ser minha!'. Havia atado um nó, decretado uma sentença que somente a morte poderia desfazer. Eu tinha encontrado um tesouro proibido, mas um tesouro de grande valor". O caso de amor durou de fato até a morte prematura de Anita, aos 29 anos, grávida do quinto filho, durante as batalhas com os austríacos no nordeste italiano.

Menotti Garibaldi, o primeiro filho de Giuseppe e Anita, que mais tarde se tornou um dos protagonistas militares e políticos da criação da República Italiana, nasceu em Mostardas/RS, em 1840. Anita, logo após o nascimento de Menotti, viu sua casa cercada na calada da noite por tropas do governo imperial do Brasil. Sem ter tempo de se vestir, tomou a criança de apenas 12 dias e escapou a galope para juntar-se ao marido, nos arredores da cidade. O episódio está eternizado na estátua de Anita em Roma, com o filho em um dos braços e uma pistola na mão oposta. Os demais painéis do monumento retratam outros acontecimentos memoráveis da vida da revolucionária. Na mesma montanha em que hoje jaz, Anita e Giuseppe lutaram para defender Roma das tropas do Papa Pio IX e seus aliados franceses, entre outras batalhas. Em 2021, comemoraram-se duzentos anos do nascimento da brasileira, que também é chamada de "heroína de dois mundos".

No mesmo dia em que estive no Monte Janículo, no final de outubro de 2021, enquanto caminhava pelo centro de Roma, meu cinto rebentou, talvez pela tensão adicional causada pelas delícias da inigualável gastronomia italiana. Nas cercanias do Pantheon, entrei em uma pequena loja de artigos de couro e encontrei um substituto. Conversando com o simpático proprietário, expliquei que era brasileiro, de uma cidade próxima a Porto Alegre. Ele arregalou os olhos e perguntou: "Grêmio ou Internacional?" Ao revelar-me colorado, recebi um apertado e inesperado abraço, enquanto ele bradava: "Paulo Roberto Falcão, il divino!" Entusiasticamente, disse-me ainda que jamais se esquecerá do jogador que, com a cabeça sempre erguida, parecia comandar os movimentos dos demais companheiros de equipe, enquanto tratava a bola como se fosse de cristal. Catarinense como Anita, Falcão ainda não tem estátua em Roma (a história ensina que não se deve erigir estátuas para alguém que ainda está vivo), mas já passou para a posteridade como um grande ídolo dos romanos.

 CAÓTICA E MAGNÍFICA

Roma é hoje uma animada cidade inserida no pano de fundo de uma duradoura história de glória. Glória que, em vez de diminuir, foi aos poucos sendo transformada. Uma das atividades que mais me diverte na capital é observar as animadas conversas e os debates entre seus habitantes, ou, melhor ainda, participar de algumas delas. As discussões, aliás, parecem ter iniciado já na fundação do lugar. Reza a lenda que Rômulo e seu irmão Remo, após serem salvos da morte por uma mítica loba, teriam entrado em conflito sobre o nome do povoado que haviam apenas criado. O fratricida Rômulo acabou eternizando seu nome na metrópole. Capital dos italianos desde 1871, quando tomou o título de Florença, Roma tem centenas de pontos de interesse, que demandariam um vasto livro para serem descritos. Deixo aqui mais algumas sugestões e referências.

A cidade tem mais de 900 igrejas e quase 2 mil fontes, que há séculos vertem água pura, límpida e sem custo aos seus cidadãos. A mais famosa é a Fontana di Trevi, onde hordas de turistas jogam seus trocados, respeitando a crença de que, assim, retornarão em breve a Roma. Funcionários municipais recolhem as moedas três vezes por semana, resultando em doações anuais de mais de um milhão de dólares destinada à Caritas, organização global de caridade ligada ao catolicismo.

A superfície original de Roma está vários metros abaixo do nível atual. Mais de 90% da cidade antiga ainda não foi escavada, mas aquilo que emergiu ou restou nas encostas de suas lendárias sete colinas já vale inúmeras visitas. A jornada até a capital é simples. Afinal, como diz o ditado derivado dos quase 100 mil quilômetros de estradas construídas pelo império romano, todos os caminhos levam a Roma.

Curiosidades romanas incluem o fato de que, além dos gatos domesticados nas residências de seus quase 3 milhões de habitantes, Roma tem mais de 300 mil felinos livres, amparados por lei e presentes por toda a cidade, protegidos em suas colônias natais. No campo dos afetos, não me surpreendo mais com os beijos nas faces que por vezes recebo de amigos italianos. Entre os antigos romanos, porém, o beijo nos lábios era uma forma tradicional de saudação, hábito que acabou gradualmente desencorajado pela Igreja Católica, ficando reservado aos pares românticos.

Além das atrações citadas, uma ou várias visitas à cidade devem incluir, obrigatoriamente, outros pontos de interesse cultural, histórico e artístico, como a Praça de Espanha, a Igreja Trinitá dei Monti, o Castelo Sant'Angelo (antigo Mausoléu de Adriano), a Praça Navona, a Villa Borghese, o Palácio Quirinale (residência de papas no passado e hoje sede do poder executivo italiano), o Palácio Farnese, as catacumbas, além de dezenas de museus e, é claro, o esplendor de um pequeno país independente encravado no coração de Roma: Cidade do Vaticano, descrito em outro capítulo deste livro.

As letras SPQR (iniciais de *Senatus PopulusQue Romanus*, ou "O Senado e o Povo Romano") estão por toda a parte, nos monumentos antigos e atuais, em prédios oficiais do município, placas comemorativas e até em tampas de bueiros, lixeiras etc. A sigla, usada desde a época da República Romana (509 a.C. a 27 a.C.), é encontrada em documentos de mais de dois milênios, como os discursos de Cícero e Tito Lívio, e carrega consigo orgulho e tradição de um passado de glória. Mostra também o antigo princípio que determina que a soberania de um território só é válida se incluir o povo.

Os italianos de fora da capital inventaram um significado menos honroso para SPQR: *Sono Pazzi Questi Romani*, ou seja, são loucos esses romanos... Às vezes, parecem ser mesmo, e o aparente desvario é apenas mais um tempero fundamental no fascínio da cidade eterna. Por tudo isso, cada vez que deixo a capital italiana, nunca digo *addio!* (adeus), e sim *arrivederci!* (até mais ver).

Pompeia
Os sonhos do apóstolo da república

Antônio da Silva Jardim (1860-1891) era um dos mais ferrenhos defensores da Proclamação da República no Brasil. O advogado e jornalista, conhecido por sua inteligência aguda e eloquência, nunca teve medo da polêmica e cresceu meteoricamente no âmbito político brasileiro. Na luta incansável contra o absolutismo e a escravidão, chegou a cogitar um ataque ao imperador, e alguns diziam que seus discursos teriam inspirado o atentado de julho de 1889 contra Dom Pedro II. Após a emancipação dos escravos, em maio de 1888, Antônio queria que o governo brasileiro fizesse um pedido oficial de desculpas ao mundo por não tê-la feito antes. Duas cidades fluminenses levam seu nome: Silva Jardim, onde nasceu, e Jardinópolis.

Deposta a monarquia, o chamado apóstolo da república foi descartado pelos marechais que tomaram o poder e ficou inconformado com a maneira como tudo ocorreu, em um golpe dos quartéis sem apoio popular e com a implantação de uma ditadura militar. Desiludido, partiu em 1891 para uma viagem de descanso e estudos na Europa. Meses depois, escreveu ao pai que, a pedido de milhares de brasileiros que o queriam no país, decidira voltar, mas não sem antes realizar outro sonho que acalentava tanto quanto o de ver uma república democrática no Brasil: conhecer Pompeia e escalar o Monte Vesúvio.

Retornamos para uma fatídica manhã de outubro do ano 79 d.C. na costa italiana, quando uma mortal nuvem de cinza vulcânica cobriu as cidades romanas de Herculano e Pompeia, pegando de surpresa seus prósperos cidadãos romanos. Em poucas horas, a erupção selou no tempo palácios, mansões luxuosamente decoradas, obras de arte e corpos humanos moldados sob uma camada de até 6 metros de cinzas endurecidas. Essa tumba natural de prédios e pessoas ficou intocada até 1748, quando arqueólogos passaram a desencavar aquela fotografia preservada do cotidiano romano. A cidade e suas vítimas, de alguma forma preservadas desde a tragédia, proporcionam uma espécie de viagem no tempo, e Pompeia, a 20 quilômetros de Nápoles, se tornou parada obrigatória para viajantes que passam pela região.

O Fórum (centro cívico e religioso da cidade), as colunas dos templos, os afrescos, as esculturas e os espetaculares mosaicos, como o da conquista da Pérsia por Alexandre Magno, dão uma ideia da sofisticação artística existente na época. Uma das atrações mais procuradas pelos mais de 2 milhões de turistas que visitam Pompeia a cada ano é o Lupanar, o prostíbulo da cidade, que talvez já fosse um endereço popular há dois mil anos. Hoje, porém, as filas de visitantes vêm somente em busca dos belos e vívidos afrescos em suas paredes.

Expandido pelos gregos desde 740 a.C., o local se tornou colônia romana a partir de 80 a.C., passando a ser cobiçado pela aristocracia por sua aprazível localização litorânea. O mais antigo anfiteatro do mundo ainda intacto (80 a.C.) tinha capacidade para 12 mil espectadores, em uma cidade de 20 mil habitantes. Com o decaimento natural, as cerca de 1.200 pessoas que pereceram no desastre formaram vazios na cinza endurecida, que os arqueólogos usaram como moldes. Hoje vemos as formas dos corpos preservadas em gesso, muitos em posição de fuga ou proteção.

O vulcão Vesúvio, que teve sua última erupção em 1944, é considerado ativo, e cientistas alertam que a próxima manifestação pode acontecer a qualquer momento. Para turistas mais arrojados, ônibus percorrem regularmente os 8 quilômetros que separam Pompeia e Herculano das cercanias da cratera vulcânica. A fúria de magma e cinzas do Vesúvio ceifou milhares de vidas, além das que pereceram em arriscadas escaladas ao topo do ativo vulcão.

No primeiro dia de julho de 1891, o brasileiro Silva Jardim esteve em Pompeia para conhecer a cidade e realizar o sonho de ver o Vesúvio de perto. No momento em que chegou próximo à borda da cratera, o solo sacodiu em um tremor sísmico. Uma fenda se abriu, e o jovem de 30 anos, que repetia aos amigos que "a morte é um acidente da vida", foi tragado instantaneamente pelo vulcão. Era mais um de seus sonhos que acabava diferente do desejado, este de forma derradeira. O Vesúvio eternizou-se também como sepultura de Antônio da Silva Jardim, o paladino esquecido por uma mal proclamada república.

Assis
A mensagem viva de Francisco

Jorge Maria Bergoglio não esperava ser eleito papa. Jesuítas como ele consideram-se servos e, em geral, não almejam postos na hierarquia eclesiástica, resistindo até a se tornarem bispos e cardeais. Escolhido aos 76 anos, o argentino não havia sequer pensado em que nome usaria como pontífice. Encerrado o conclave, outro cardeal, Claudio Hummes, franciscano e gaúcho de Montenegro, aproximou-se de Bergoglio e, ao cumprimentá-lo, disse-lhe: "Não se esqueça dos pobres". Foi o sinal para que, pela primeira vez, um papa adotasse o nome do santo nativo de Assis.

Antes de invadir as vielas e praças medievais da pequena cidade na região italiana de Umbria, a aproximação do Monte Subásio, sobre o qual está situada, foi uma preparação do espírito para a atmosfera serena e singela legada pelo filho mais famoso do lugar. O patrono da Itália (com Santa

Catarina de Siena) nasceu em Assis, em 1181, com o nome de Giovanni di Pietro di Bernardoni. Apelidado desde a infância de Francesco, era filho de uma família abastada, foi um adolescente extravagante, tornou-se soldado e, após ser feito prisioneiro, iniciou seu processo místico de conversão, renunciando aos bens materiais e recebendo visões divinas. Seguido e reverenciado por seu amor aos menos favorecidos e à natureza, fundou, aos 27 anos, a ordem religiosa dos franciscanos.

Um dos poucos benefícios da pandemia de Covid-19 tem sido o de poder visitar alguns locais que, em períodos normais, estariam tomados por turistas, ou, no caso de Assis, peregrinos. Caminhando desde o pé da montanha, entrei na cidade com o cuidado de quem chega sem bater na casa de alguém. Não havia quase ninguém nas ruas. Ao ingressar na Basílica de São Francisco, construída no século XIII, escutei um frade que, tomado de entusiasmo, dizia ao único fiel que ali estava: "Este é um dos lugares mais importantes da cristandade. É a apoteose do espírito humano". Enquanto as paredes do piso superior contêm belos e exuberantes afrescos de Giotto sobre a vida do santo, a basílica inferior reflete mais o despojamento de Francisco, dando acesso à cripta onde está seu sarcófago. O corpo foi escondido durante séculos e revelado ao público somente em 1818.

De acordo com a tradição cristã, em 1224, Francisco recebeu os estigmas – as cinco chagas de Cristo – em um êxtase religioso sobre o Monte Alverne (Monte della Verna, em italiano). Foi canonizado em 1228, menos de dois anos após sua morte e, além do rico legado de espiritualidade, deixou uma herança cultural, trazendo a vasta sabedoria e erudição dos mosteiros para fora das clausuras da Europa medieval. Na opinião de alguns especialistas, esse foi um dos catalisadores do Renascimento.

Outra filha da cidade, Chiara d'Offreducci, foi a primeira mulher a integrar a ordem franciscana. Santa Clara fundou com São Francisco o ramo feminino da ordem (Clarissas). A bela basílica que leva seu nome, também do século XIII, guarda o corpo exposto da santa, assim como o enorme e icônico crucifixo sob o qual, em 1205, Francisco escutou o chamado divino para reformar a igreja: "Francisco, vai e repara minha casa que está em ruínas".

Além de Francisco e Clara, há mais cinco santos em Assis, mas me chamou a atenção um jovem beatificado em 2020 e que está sepultado na cidade. Carlo Acutis poderá ser declarado em breve um santo moderno. Nascido em Londres em 1991, de pais italianos, Carlo ficou conhecido pelo excepcional amor à Eucaristia e ao próximo. Especialista em informática e usuário ativo da Internet, o jovem faleceu aos 15 anos, e seu corpo, vestindo jeans, tênis e blusão de moletom é exposto de tempos em tempos na Igreja de Santa Maria Maggiore.

O poeta Dante Alighieri referia-se a São Francisco como "a luz que brilhou sobre o mundo". Exaltando a criação, chamando todos os seres de irmãos e dedicando-se especialmente aos pobres, Francisco repelia a autoindulgência e o egocentrismo, algo que também vemos em pessoas com extraordinária inteligência e talento que se inspiram em elevados ideais, além de si mesmos. Para citar apenas um exemplo, Johann Sebastian Bach, autor alemão da vasta obra musical que demandou um sistema próprio de organização (BWV, *Bach Werke Verzeichnis*), escrevia no final de cada uma de suas 1.128 composições: *Soli Deo Gloria*, latim para "Glória somente a Deus".

Retornando ao primeiro pontífice sul-americano, Papa Francisco também está renovando o catolicismo, tornando a Igreja mais acessível, aberta ao diálogo e em contato próximo com problemas sociais e ambientais, sem abandonar a essência cristã. O trabalho é árduo e repleto de obstáculos e inimigos. Revela-se, porém, crucial em tempos de intolerância e conflito crescentes.

Pequenos países, grandes histórias

Algumas nações da Europa continental são referidas como microestados. O conceito de pequeno é intrinsecamente relativo. Países que não estão nessa classificação, como Bélgica, Países Baixos e até mesmo o Reino Unido, podem ser considerados nanicos se comparados a gigantes como Rússia, China e Brasil. De forma livre e demasiadamente bairrista, defino-os aqui como aqueles países com área menor do que o município em que nasci no Rio Grande do Sul. O único que não é uma monarquia é a República Constitucional de San Marino. Os outros abrangem três principados (Andorra, Liechtenstein e Mônaco), um papado (o Estado do Vaticano) e um ducado (Luxemburgo). Além desses, incluo a pequena Gibraltar, única nação-colônia da Europa. Iniciarei pelo menor país do mundo.

↘ ESTADO DA CIDADE DO VATICANO
(0,44 KM², 825 HABITANTES)

Na infância, já tentado a viajar pelo globo, arquitetei um plano para cruzar o oceano, e a estratégia passava pelo seminário. Como padre católico, na minha cabeça, viabilizaria automaticamente uma visita a Roma e ao Vaticano. Anos depois, o plano foi arruinado quando, na adolescência, me apaixonei pela primeira vez, mas essa particularidade não é relevante para este livro. O fato é que lembrei daquele longevo projeto assim que entrei na imponente Praça de São Pedro em minha primeira visita, quando, de quebra, ainda tive a sorte de participar de um encontro no auditório Paulo VI com meu ex-futuro chefe, o Papa João Paulo II.

O minúsculo território sobre o Monte da Profecia, aprisionado pela cidade eterna, foi o que restou dos Estados Papais, poderoso país antes da unificação da Itália, em 1861. A sede da Igreja Católica é, em teoria, uma monarquia absolutista, tendo o papa como soberano. Na prática, o enclave apostólico depende da Itália para quase tudo. Dos temidos regimentos, e até da Marinha de outrora, resta somente a cerimonial Guarda Suíça, em seu exuberante uniforme desenhado por Michelangelo Bounarroti.

Para leigos, a visita à Santa Sé fica limitada à Basílica de São Pedro, à Capela Sistina e aos Museus do Vaticano, o que não é pouco e demanda alguns dias para uma apreciação adequada. A Basílica, maior templo cristão do mundo, é carregada de arte e significado. Entre as altas colunas e paredes de mármore das naves e das várias capelas, destacam-se o baldaquino de Bernini sobre o altar papal, a sublime escultura Pietà, de Michelangelo, e dezenas de magníficas obras de arte. Marcou-me particularmente o túmulo de Alexandre VII, outra obra de Gian Lorenzo Bernini, onde, além das estátuas do papa e das quatro virtudes, emerge dramaticamente do mármore a figura da morte, um esqueleto em bronze dourado elevando a ampulheta da hora derradeira. O magnífico templo, mesmo tendo sido construída sobre o túmulo do primeiro papa e sendo a morada final de pontífices que o seguiram, não é uma catedral. Como bispo de Roma, o papa tem sua cátedra (cadeira ou trono, do grego) episcopal fora do Vaticano, na Basílica de São João de Latrão, em Roma.

Parte integrante do Palácio Apostólico, a Capela Sistina homenageia o Papa Sisto IV, que a restaurou no final do século XV. Desde 1492, o conclave, processo de escolha de um novo papa, ocorre ali, a portas literalmente lacradas, com os cardeais guardados por magníficos afrescos dos mestres da Renascença. Michelangelo se considerava mais como escultor do que pintor e, mesmo trabalhando contrariado, conseguiu ofuscar Rafael, Botticelli, Donatello e outros mestres que já tinham deixado ali suas obras. As cenas dos profetas e do Gênesis, no teto da capela, e o Juízo Final, na parede do altar, estão entre os maiores tesouros da humanidade.

Fora dali, vários setores dos museus vaticanos guardam a riqueza artística e as antiguidades colecionadas por pontífices desde a Idade Média, que necessitariam de vários artigos para serem detalhados. Limito-me a dizer que são imperdíveis e dignos de repetidas visitas. Como curiosidade final, quem precisar sacar dinheiro no Vaticano vai se deparar com uma peculiaridade: a cidade-estado é o único lugar do mundo onde caixas automáticos permitem a realização de operações bancárias em latim.

* * *

Enquanto impérios nasciam e morriam, pequenos países europeus persistiram, resistindo à pressão de ser engolidos por seus avantajados vizinhos. Estudos contemporâneos retratam esses territórios como anomalias sem lógica e destinados a desaparecer. Entretanto, engana-se quem desdenha sua importância. Parte da razão para a independência é econômica, pois estão entre os países mais ricos do mundo. Contudo, não há dúvida de que a união e a solidariedade de seus povos facilitaram a sobrevivência, um fenômeno antropológico e exemplo de resiliência. Esse termo, aliás, tem sido muito usado ultimamente, por vezes de forma equivocada. Etimologicamente, "resiliência" é a habilidade de reerguer-se ou adaptar-se, mas é seguidamente confundida com resistência (conter-se, estagnar-se), o que seria até um conceito oposto. Inicio por Gibraltar, o único país que não é um Estado independente.

GIBRALTAR
(6,8 km², 34.003 habitantes)

Ao entrar no território ultramarino britânico a partir da Espanha, deparei-me com sua primeira particularidade. Um sinal vermelho e uma cancela que se fechou para a passagem de outro veículo que seguia perpendicularmente, mais precisamente um Boeing 737, que logo passou à minha frente e decolou. A principal avenida do pequeno território atravessa a pista do único aeroporto local.

Ponto europeu mais próximo do continente africano e porta do Mediterrâneo para o Atlântico, Gibraltar é um promontório vigiando o estreito com o mesmo nome e uma das lendárias Colunas de Hércules. A travessia entre os continentes já era usada comercialmente desde os antigos fenícios, que aportavam por ali mil anos antes de Cristo. Além do proeminente rochedo que domina a paisagem, as ruas e construções têm aspecto puramente inglês, em plena costa ensolarada do Mediterrâneo.

Em 1713, o território foi cedido ao império britânico como pagamento pela Guerra da Sucessão Espanhola. Apesar da posterior pressão ibérica para reaver a estratégica península, sucessivos referendos (o mais recente em 2002) atestam o desejo de mais de 99% da população gibraltina de permanecer conectada ao reino de Elizabeth II.

SAN MARINO
(61 KM², 33.785 HABITANTES)

Conhecida como a Sereníssima República de San Marino, o montanhoso microestado encravado no centro-norte italiano é a república constitucional e o Estado soberano mais antigo do mundo, fundado no ano 301, a 10 quilômetros da costa do mar Adriático. A capital, com o mesmo nome, é uma cidade murada que se agarra às encostas do Monte Titano, com ruas antigas e belas construções medievais. Como no Vaticano, lembranças, selos e moedas são uma das principais fontes de renda, complementada por empresas dos setores financeiro e industrial espalhadas pelo pequeno território.

A independência e a neutralidade de San Marino a transformaram muitas vezes em local de refúgio, como, por exemplo, para mais de 100 mil judeus no decorrer da Segunda Guerra. No século XIX, durante os conflitos pela unificação da Itália, o país chegou a abrigar dois refugiados bem conhecidos dos sul-brasileiros: o herói de gaúchos e italianos Giuseppe Garibaldi e sua esposa, a catarinense Anita. A diplomacia dos governantes sempre garantiu que a república, que nunca teve força militar, ficasse não somente inabalada, mas que fosse também gradualmente expandida.

Logo após a Grande Guerra, San Marino foi governada pelo primeiro governo comunista eleito do mundo, experiência que durou 12 anos. A coalizão ainda retornou ao poder em eleições dos anos 1970 e 1980, contribuindo para o desenvolvimento econômico de uma das nações com maior PIB *per capita* do planeta e único país do mundo com mais carros do que pessoas.

Diz-se que as últimas palavras do santo fundador, São Marino, foram "*Relinquo vos liberos ab utroque homine*", latim para "Deixo-os livres dos dois homens". A frase simboliza a liberdade que a fundação proporcionou ao país, que jamais foi subjugado a reis ou papas. Lenda ou não, a história inspira e alimenta até hoje a soberania da pequena nação.

LIECHTENSTEIN
(160 KM², 38.378 HABITANTES)

No caminho íngreme que leva ao Castelo de Vaduz, residência dos Príncipes de Liechtenstein desde o século XII, fiz uma pausa para descansar e admirar a paisagem das margens do Rio Reno e da pequena capital, ao pé da montanha. Perto de mim, uma senhora de idade avançada observava os galhos secos de uma árvore na beira da trilha. Depois de alguns comentários sobre a beleza do lugar, ela disse: "Está vendo essa árvore desprovida de folhas? Por vezes é assim que me sinto. Quando chegamos a uma certa idade, tudo o que temos e boa parte do que somos passa a ser gradualmente extraído de nós". Vendo que eu parecia um pouco atônito com o que ouvia, ela sorriu e completou: "Não se preocupe, eu não me sinto mal com isso. Me sinto leve e aliviada". Nunca me esqueci daquele sotaque suíço em *"leicht und erleichtert"*.

Prensado entre Suíça e Áustria, no coração dos Alpes, o principado é o quarto menor país europeu, ou o menor se considerarmos aqueles que não são cercados por um único vizinho. Única monarquia de língua alemã, a nação saiu da falência no pós-guerra – para pagar suas dívidas, teve que vender até uma coleção de tesouros artísticos, incluindo uma pintura de Leonardo da Vinci – para se tornar um importante centro financeiro e única nação do mundo com mais empresas registradas do que habitantes. Destino popular para esportistas de inverno e exploradores de trilhas alpinas, a monarquia constitucional hereditária é um Estado independente desde que o Príncipe Hans-Adam I de Liechtenstein comprou o território do sacro império romano, no início do século XVIII.

ANDORRA
(468 km², 77.100 habitantes)

Famoso pelas estações de esqui, pela natureza das montanhas dos Pireneus e por ser um paraíso fiscal, o Principado de Andorra é outro microestado europeu, apertado entre Espanha e França. Fundado por Carlos Magno no século VIII, o país tem, desde 1278, dois chefes de Estado. Pela tradição, os copríncipes são o arcebispo católico da Diocese de Urgel, na Espanha, e o presidente da França, o que faz dela a única nação cujos chefes de Estado são escolhidos por cidadãos estrangeiros: respectivamente, o papa católico e o povo francês. O sistema de governo é o parlamentarismo unicameral, que, até 1973, não permitia a eleição de mulheres.

Não vi grandes atrativos em Andorra-a-velha, a capital mais alta da Europa, a 1.023 metros acima do nível do mar. Contudo, a paisagem montanhosa do país é magnífica. O principado, que tem a mais alta expectativa de vida do mundo (81 anos), adotou o catalão como língua oficial e, ainda que use o euro como moeda, não faz parte da União Europeia. Somente 38% de sua população tem nacionalidade andorrana.

Voltando à minha conversa com a simpática senhora de Vaduz, que acabou se alongando, fiquei fascinado com o que me contou sobre seu trabalho, a família, as realizações e os sonhos que ainda nutria. Disse-me na conclusão da conversa que continuava com muitas dúvidas e que ainda aprendia muito com elas.

O aperfeiçoamento pessoal se dá, muitas vezes, em duro e intenso embate consigo mesmo. Fico sensibilizado com histórias de vida como aquela, de pessoas que souberam explorar seu potencial e nas quais se percebe um ideal, um sonho, por vezes um talento extraordinário e, invariavelmente, muito trabalho, sacrifício e persistência. Procuro um traço comum nessas histórias, que contêm obstinação, autoconhecimento, autoconfiança sem arrogância, dedicação e comprometimento. No final, não há uma característica única, mas talvez o que melhor sintetize essas biografias seja a autenticidade. Viver sem receita pronta, como autor da própria história e com a coragem de, pela ação, decidir em cada momento que tipo de pessoa se quer ser.

◥ MÔNACO (2,1 KM², 38.682 HABITANTES) O PARQUE DE DIVERSÕES DOS BILIONÁRIOS

Em uma estada mais longa de trabalho no noroeste italiano, decidi passar um final de semana em Mônaco, a menos de 20 minutos da fronteira ítalo-francesa. Logo na chegada, depois de muito procurar, encontrei uma vaga de estacionamento, bem em frente ao famoso Cassino de Monte Carlo. Indagado imediatamente pelo uniformizado porteiro da casa de jogos se deixaria o carro ali por muito tempo, notei que ele não pareceu muito satisfeito ao saber que eu retornaria em algumas horas e não tinha planos de fazer aposta alguma no famoso estabelecimento. Enquanto me afastava do veículo, observei que na fileira em que estava meu minúsculo Nissan Micra, alugado na Itália, os demais veículos eram Ferraris, Bentleys, Maseratis, Lamborghinis e afins. Confortei-me com o pensamento de que estava contribuindo para a diversidade e integração automotiva no local.

O Principado de Mônaco é um Estado soberano sobre a Riviera Francesa, o segundo menor do mundo, depois do Vaticano, e conhecido pelo belo Porto de Hércules, sempre lotado de iates de luxo, pelo charme do Grande Prêmio nas ruas estreitas do mais antigo circuito de Fórmula 1 e, é claro, por suas generosas isenções de impostos. O país, onde menos de um quarto da população tem cidadania monegasca, é a nação independente com maior densidade populacional e maior concentração no mundo de milionários e bilionários, que são cerca de um terço de seus habitantes. O elegante Cassino de Monte Carlo, em estilo *belle époque*, ocupa posição central, não só pela localização, mas, principalmente, por ter sido a principal fonte de riqueza do país (sorvedouro, no caso, para quem ali joga) desde sua construção no final do século XIX, alavancando o desenvolvimento econômico do microestado. Curiosamente, a entrada nos Cassinos de Mônaco é vetada por lei aos seus próprios cidadãos.

O governo é uma monarquia constitucional desde 1911, tendo o Príncipe Albert II como chefe de Estado. Ao contrário de outras monarquias europeias, o soberano, embora não seja o chefe do governo, tem força política significativa e poder de veto. A Casa de Grimaldi, família italiana originária de Gênova da qual os príncipes fazem parte, comanda o país desde 1297, com breves interrupções. Apesar de independente, o principado era vassalo dos reis franceses até a revolução que decapitou a corte de Versalhes a partir de 1789.

Há 65 anos, imprensa e telespectadores do mundo todo estavam focados no pequeno país para testemunhar o casamento do Príncipe Rainier III com a atriz Grace Kelly. Em 1982, o carro que a princesa conduzia precipitou-se ribanceira abaixo em uma estrada local. A norte-americana morreu no dia seguinte no hospital que hoje leva seu nome. Pais do atual monarca, Grace e Rainier (falecido em 2005), estão sepultados lado a lado na mesma igreja em que se casaram, a bela Catedral de Nossa Senhora Imaculada.

De volta ao meu compacto veículo, acanhado entre dezenas de carros de luxo, e antes que o jogassem no Mediterrâneo por completa inadequação, saí tranquilamente diante do olhar severo do funcionário à porta do cassino, procurando um local mais discreto para estacionar. Mônaco vale uma visita, pela belíssima paisagem da Costa Azul, pelas elegantes ruas e construções, assim como pela bagagem de tradição e história. No entanto, o custo-benefício e a relativa futilidade que vi por lá provavelmente não me trarão de volta. Em parte, o culpado é o mordomo, ou melhor, o porteiro.

LUXEMBURGO
(2.586 KM², 613.894 HABITANTES)
VALES BUCÓLICOS E CAPITALISMO VORAZ

O último nesta série de pequenos Estados é também o maior deles, cercado por Alemanha, Bélgica e França. País mais rico do mundo em PIB *per capita* (FMI), o

Grão-Ducado de Luxemburgo é uma nação eminentemente rural, com a densa floresta das Ardenas ao norte, os vales rochosos da região do Müllerthal a leste e o vale do Rio Mosel a sudeste, em um território repleto de vinhedos e cervejarias. A capital, cidade de Luxemburgo, é um belo e antigo assentamento fortificado, construído sobre 17 quilômetros de túneis e casamatas que fizeram parte de sua estratégia de defesa. Com identidade fortemente influenciada pelos países vizinhos, o francês e o alemão figuram como línguas oficiais, além do luxemburguês, idioma de origem germânica. A natureza multilinguística do povo faz com que os jornais locais alternem artigos em francês e em alemão, sem tradução. Metade da população é formada por estrangeiros, dos quais os portugueses representam o maior grupo.

Visitei Luxemburgo algumas vezes, participando de reuniões em empresas que têm ali sua sede oficial para se beneficiar dos reduzidos impostos. Em geral, são pequenos escritórios, com poucos funcionários, de organizações que, na realidade, têm suas operações e seus principais dirigentes em outros países. Estive, por exemplo, na empresa ítalo-argentina Tenaris e na gigante indiana do aço Arcelor-Mittal, ambas com sedes legais na capital luxemburguesa. Todos com quem me reuni vinham de outras unidades, e o encontro aconteceu ali por pura conveniência geográfica. É impressionante o fato de 90% das empresas em Luxemburgo pertencerem a não residentes, e muitos brasileiros têm suas corporações baseadas no país, a começar pelos mais prósperos, como Jorge Paulo Lemann (BRC/Ambrew), a família Safra (Banco J. Safra), André Esteves (BTG Pactual), o ex-governador, ex-senador, ex-ministro e um dos maiores produtores de soja do mundo Blairo Maggi (Amaggi Luxembourg), entre outros. É certo que a origem do capital que entra no país nem sempre é lícita. O grão-ducado foi escolhido para abrigar, por exemplo, a empresa Formalhaut 1, dos irmãos Renato e Marcelo Chebar, doleiros prediletos do ex-governador fluminense Sérgio Cabral.

A história do Estado independente tem início em 963, com a aquisição do Castelo de Luxemburgo pelo Conde Sigfried de Ardenas. O território assumiu a forma atual no início do século XIX, após repetidas ocupações dos Países Baixos, da França, Prússia e Áustria. Membro fundador das Nações Unidas e da Comunidade Europeia, o país abriga muitas instituições internacionais, como a importante Corte de Justiça da União Europeia. O grão-duque Henry I tem papel cerimonial na monarquia constitucional, embora, em teoria, ainda tenha o poder de dissolver o parlamento. Exemplo de vanguarda em leis e costumes, em 2020 Luxemburgo tornou-se a primeira nação a instituir transporte coletivo gratuito aos seus habitantes.

O lema nacional, desde a independência, é direto, simples e visível em prédios e monumentos. Uma mensagem de afirmação e unidade que, pelo visto, seguirá válida por muito tempo: *"Mir wëlle bleiwe wat mir sin"*, luxemburguês para "Queremos continuar sendo o que somos".

Atenas
Entre a mitologia e a realidade geopolítica

Zeus, sofrendo com uma dor de cabeça insuportável, exclamou: "Minha cabeça está se partindo ao meio!" Ele tinha razão. Do crânio aberto da mais poderosa entidade da mitologia grega surgiu Atena, a deusa da sabedoria. Conta a mitologia que Atena entrou em uma disputa com o tio, Poseidon, para definir quem daria o nome à magnífica cidade construída pelo rei Cécrops, local que se tornaria o centro da civilização mais avançada do planeta, com praças (plateia), teatros, termas e mercados cobertos. Pairando sobre a cidade, o monte conhecido como Acrópole (cidade alta) seria coroado com um templo dedicado a um dos dois. Na disputa, e evitando optar entre a filha e o irmão, Zeus delegou a Cécrops a decisão, e o rei não titubeou: "Minha cidade se chamará Atenas".

Com seis milênios de história, Atenas é hoje a capital de um país com mais de 6 mil ilhas, cercado por água, montanhas e uma complicada vizinhança com países dos Bálcãs e com a Turquia, além de, via marítima, com o Oriente Médio e o norte da África. A força intelectual surgida ali, cinco séculos antes de Cristo, produziu pessoas – de Sócrates a Aristóteles – e ideias que até hoje norteiam a forma com que enxergamos a educação, a arquitetura, a ciência, as artes, a religião e, é claro, a sempre instável e necessária democracia. Isso sem falar na influência helênica sobre as línguas ocidentais. Só em português, temos mais de 16 mil palavras de origem grega. Na língua inglesa, são mais de 100 mil.

Na Acrópole, coração da cidade desde o século 5 a.C., o templo de Atena Partenos (Atena, a virgem), mais conhecido como Partenon, é o maior símbolo da Grécia. Parte da decoração original está no Museu da Acrópole, mas, para conhecer melhor o interior do Partenon, convém dar um pulo ao Museu Britânico, em Londres. Sobre o monte, estão também os templos de Erecteion e de Athena Nike, uma joia da arquitetura grega. A estátua de Nike (ou Nice, em português), deusa alada da vitória, ainda está ali presente. Seu nome, curiosamente, se tornou mais conhecido por uma marca esportiva cujo símbolo representa uma de suas asas.

A sudeste da Acrópole, o teatro Herodeon segue ativo desde sua construção, no ano 160 d.C. Como o teatro, o Estádio Olímpico Panatenaico, no bairro Pangrati, foi igualmente construído por Herodes Atticus, ateniense e senador romano. O colosso de mármore foi ressuscitado para as primeiras Olimpíadas do mundo moderno, em

1896, depois de uma interrupção esportiva de 16 séculos. A cada quatro anos, parte dali a tocha olímpica em direção ao país-sede dos jogos.

Sócrates, Aristóteles, Demóstenes e São Paulo propagavam seus ensinamentos na Ágora, mercado público, praça e centro da vida política[1] do século 6 a.C. até o século 6 d.C. Não muito longe dali, restaram 15 colunas coríntias do Templo de Zeus Olímpico, o maior construído na Grécia, iniciado no século 6 a.C. e concluído 600 anos mais tarde pelo imperador romano Adriano, que acrescentou ao local um arco em sua própria homenagem, para o caso de ser esquecido em meio à abundância cultural da grande civilização grega.

Mitologia e realidade se entrelaçam em um país que a maioria dos estrangeiros só conhece pelo passado milenar e por suas ilhas paradisíacas. Derrotado na disputa pelo templo, Poseidon tentou destruir Atenas com um vigoroso dilúvio. Zeus, como punição, o condenou ao exílio no lado oposto do Mar Egeu, onde o deus dos mares construiu a cidade de Troia, lendária inimiga dos gregos. O local hoje se chama Hisarlik, na Turquia, e a região segue em turbulência geopolítica. O Mar Egeu, que sempre foi motivo de discórdia entre Turquia e Grécia, se tornou ainda mais visado graças a recentes descobertas de reservas de gás natural.

Reza a lenda que a bela princesa Cassandra, de Troia, foi abençoada por Apolo com o dom da profecia, para, em seguida, por ciúmes, ser punida pela mesma divindade, fazendo com que ninguém acreditasse em seus certeiros presságios. A princesa chegou a alertar seus pares sobre

---

1 Polis = cidade.

o Cavalo de Troia ser um "presente de grego", mas, para desgraça dos troianos, não foi ouvida. Ela parece seguir alertando povos dos dois lados do Egeu sobre a iminência de um conflito. Atualmente, contudo, tendo em conta o orçamento militar de gregos e turcos, Cassandra parece ter bem mais crédito do que nas lendas descritas por Homero e Virgílio.

Noruega
Amundsen e o espírito dos fiordes

Em 17 de janeiro de 1912, o aristocrata e oficial da marinha britânica Capitão Robert Scott chegava ao Polo Sul geográfico. O júbilo de colocar os pés no local almejado por exploradores do mundo todo foi subitamente substituído pela sensação de fracasso. Após 2 meses de extenuante jornada, Scott deparou-se com uma bandeira norueguesa tremulando sobre uma pequena tenda apelidada de Polheim, A Casa do Polo. Desconsolado, o britânico encontrou mantimentos, uma carta para o rei norueguês e um bilhete: "Prezado Capitão Scott, como provavelmente será o primeiro a chegar aqui depois de nós, peço-lhe que encaminhe esta carta ao Rei Haakon VII. Não hesite em usar qualquer item deixado nesta tenda. Com estima, desejo-lhe um retorno seguro. Sinceramente, Roald Amundsen". Embora a intenção da nota escrita pelo norueguês em

14 de dezembro de 1911 fosse notificar o mundo no caso de ele perecer no retorno, Scott sentiu-se humilhado. O explorador ilustre do império estava reduzido a um garoto de recados.

Nos meses que precederam a corrida ao polo Sul, enquanto o capitão inglês participava de jantares da sociedade britânica, Roald Amundsen preparava-se para a aventura austral, passando meses com os povos *inuit* na Groenlândia. Ali aprendeu, entre outras coisas, sobre as roupas adequadas ao frio extremo, a comida que deveria levar e qual raça de cães seria a mais acertada para o tracionamento dos trenós. O norueguês levou mais de 50 animais da raça Husky Groenlandês, decisão que acabou se tornando o cerne de seu sucesso. Além de melhor adaptados ao frio de até 60 graus negativos, os cães eram, conforme a necessidade, sacrificados para alimentar os membros da expedição e os demais caninos. Scott, por sua vez, levou consigo pôneis, que dependem de gramíneas, alimento raríssimo no continente gelado. A história da corrida ao polo Sul no início do século XX está descrita com maestria em um dos melhores livros que li, *O último lugar da Terra*, do inglês Roland Huntford, e o espírito de Amundsen e de sua expedição representa muito bem o conceito de cidadania e liderança do povo escandinavo.

A Noruega, embora tenha uma tradição milenar que remete aos povos vikings, é um país relativamente novo, independente desde a dissolução da união com a Suécia, em 1905. Para a incipiente monarquia, os noruegueses elegeram e importaram um príncipe da família real dinamarquesa, renomeado Haakon VII, que se tornou o primeiro rei da dinastia que hoje tem seu neto Harald V no trono.

A população, de pouco mais de 5 milhões, está concentrada no sul do país e, além dos descendentes de vikings, é formada por outras etnias, incluindo, por exemplo os *sámi*, nativos que habitam o norte do território e gozam de direitos e privilégios sobre sua terra e seus costumes, tendo até um parlamento próprio.

Em Oslo, repeti algumas vezes uma visita que sempre traz novas descobertas. Um museu às margens do Fiorde de Oslo abriga o Fram, navio que levou Amundsen e sua equipe à Antártica, além de conter todos os detalhes da expedição e de outros feitos de navegação marítima (e aérea) do explorador, como a descoberta da passagem noroeste, que liga o Atlântico e o Pacífico através do Oceano Ártico. Sua façanha no Polo Sul, comparável para a época à exploração espacial, é um exemplo de preparação, persistência, formação de equipe e, acima de tudo, liderança com humildade. Amundsen cunhou o conceito de "Navio Feliz", onde todos trabalham de forma independente, com disciplina e sem coerção. Em vez de temer um capitão autoritário, cada um sabe o que deve fazer, e todos trabalham por um objetivo comum.

O inglês Scott e seus quatro companheiros de equipe morreram na tentativa de retornar à costa Antártica, vitimados pelo frio, pela fome, falta de vitamina C (escorbuto) e, principalmente, pelo despreparo e pela arrogância. Roald Amundsen tornou-se o grande mestre polar para os que vieram depois e, com seu realismo impassível, ensinava uma lição que navegadores e aviadores carregam como fundamental: "É inútil lutar contra a natureza. Ela vencerá sempre". Mais uma vez, sua estratégia discreta, ponderada e cuidadosa reflete bem o pensamento do povo norueguês.

Ainda que as características geográficas e culturais sejam diferentes de outros povos, dos pontos de vista de cidadania e sustentabilidade, a Escandinávia segue sendo referência. Se, daqui a muitas gerações, o Brasil chegar em um patamar aceitável de justiça social e humanidade, é possível que encontremos por lá uma bandeira escandinava.

◥ NA VANGUARDA DA SOCIAL-DEMOCRACIA

Poucas nações foram tão influenciadas pela geografia como a Noruega. Seus fiordes acidentados e plácidos e suas montanhas geladas geraram uma das mais lendárias e temidas civilizações da Europa pré-medieval: os vikings. Além das características físicas, o povo norueguês contemporâneo herdou dos antepassados a sede de independência e de autossuficiência, recusando-se a participar da Comunidade Europeia e agindo com certo nacionalismo racional no culto às tradições e nas preferências comerciais – mesmo pagando mais, quase sempre escolhem comprar o que é produzido localmente. Como em outros países escandinavos, o frio também ajudou a determinar o futuro político da nação, com uma sustentável social-democracia e a mão do Estado protegendo os cidadãos mais necessitados.

A capital Oslo, com 700 mil habitantes, cresceu em torno da Fortaleza Akershus e é hoje uma cidade moderna, bem planejada e muito cara. Ao contrário do restante do país, uma população multiétnica e heterogênea dá um ar cosmopolita ao centro urbano que, até 1925, se chamava Kristiania. Um dos locais que mais me chamou a atenção e ao qual voltei muitas vezes é um enorme parque, dedicado ao escultor Gustav Vigeland. Mais de 200 de suas esculturas dominam a paisagem dos 44 hectares do Parque Frogner, no centro do qual figura o controverso Monólito, uma coluna formada por 121 corpos entrelaçados esculpidos no granito. Um museu no local mostra outras obras e os modelos usados pelo escultor.

Além de Vigeland, a pequena população do país tem expoentes em várias áreas. Henrik Ibsen na poesia e dramaturgia, Edvard Munch na pintura (*O grito*), Jostein Gaarder na literatura (*O mundo de Sofia*), o compositor Edvard Grieg, passando pelos exploradores Roald Amundsen e Fridtjof Nansen, além do aventureiro Thor Heyerdahl, que em 1947 navegou da América do Sul até a Polinésia a bordo de uma jangada de madeira leve, o Kon-Tiki, reforçando a teoria antropológica de migração entre os continentes asiático e americano. Como exemplo da importância da cultura para o país, a Noruega está entre os líderes mundiais de publicações de livros, sendo mais da metade deles escrita por autores locais. A literatura é subsidiada pelo governo de várias formas, incluindo isenção de impostos, subvenção aos autores e compra de livros para as mais de 5 mil bibliotecas públicas, uma para cada mil habitantes (no Brasil, há uma biblioteca pública ou escolar para cada 40 mil pessoas).

A riqueza do país provém em grande parte das vastas reservas de petróleo ao longo da costa do Mar do Norte. A estratégia governamental, contudo, foi a de utilizar esses recursos para promover igualdade, justiça social e manter reservas financeiras em uma nação que, mesmo assim, tem impostos altíssimos e investe massivamente em energia renovável. Minhas dezenas de passagens pelo país incluíram, além de Oslo e cidades vizinhas, as belas regiões costeiras de Bergen e Stavanger, onde a economia gira em torno do petróleo, impulsionada, sobretudo, pela gigante estatal Equinor (antiga Statoil). O país parte da premissa de não depender de um recurso finito e há muito se prepara para o fim da bonança de hidrocarbonetos, diversificando suas fontes de provento. Essa atitude cautelosa permitiu que, por exemplo, a nação seguisse crescendo e o desemprego ficasse abaixo de 3% durante a crise econômica mundial de 2008.

Como seus demais vizinhos nórdicos, a Noruega aparece como um dos 10 países mais felizes do mundo e é o primeiro em desenvolvimento humano (índice HDI). O modelo da economia é baseado no bem-estar social, alto índice de sindicalização e mais de 30% da população empregada no setor público, com ampla e eficiente atuação de empresas estatais em todas as áreas.

A cerimônia de entrega do Prêmio Nobel da Paz acontece tradicionalmente no saguão da prefeitura da capital norueguesa. A criação da honraria foi no mínimo inusitada. Um certo dia, Alfred Nobel, inventor da dinamite, que enriqueceu com a fabricação de explosivos e armamentos, leu por acidente um obituário dele mesmo, previamente preparado por um jornal para o dia em que morresse. Nele era criticado pelo poder destruidor de suas invenções. A partir daí, o sueco decidiu que toda sua fortuna seria dedicada a um fundo que premiasse pessoas de destaque em várias áreas de atuação, incluindo a promoção da paz e da fraternidade. Ao lado do imponente prédio em estilo funcional da prefeitura de Oslo, o Centro Nobel da Paz exibe documentos e conta a história de cada um dos agraciados desde 1901. Que poder transformador surgiria em muitas pessoas, de redenção ou de estímulo, se também pudessem ler seu futuro necrológico!

◥ A RESPOSTA À VIOLÊNCIA E AO RADICALISMO

Iniciei falando da Noruega através de um de seus heróis, Roald Amundsen, e concluo aludindo a um de seus maiores vilões, responsável pelo maior ato de violência na nação desde a Segunda Guerra Mundial. Não vale a pena focar no indivíduo, cujo nome nem citarei, abjeto por sua estupidez, maldade, e seu racismo, mas sim na resposta exemplar que um país e um povo tiveram diante de tamanha atrocidade.

Em 22 de julho de 2011, dois ataques terroristas chocaram a Noruega e o mundo. Atribuídos em um primeiro momento a algum grupo radical islâmico, logo ficou provado que tinham sido planejados e executados por um único indivíduo, norueguês, branco e ultranacionalista. Às 15h26, um carro-bomba explodiu ao lado do prédio governamental que abriga o gabinete do primeiro-ministro, no centro de Oslo, matando 7 pessoas e deixando mais de duzentos feridos. Enquanto a força policial estava às voltas com a ocorrência, o autor chegava em um bote, vestido de policial, à Ilha de Utoeya, a 40 quilômetros de Oslo, onde acontecia um congresso da juventude do Partido Trabalhista. Setenta pessoas, na maioria adolescentes, foram mortas com tiros de rifle e pistola semiautomáticos, tendo a vítima mais jovem apenas 14 anos. O assassino, que friamente recarregava suas armas ao longo da chacina, foi preso ainda na ilha, confirmando a conexão entre os dois atentados.

Desde as primeiras horas, a forma como o país reagiu chamou muito a atenção, com milhares de pessoas pelas ruas da capital cantando e carregando rosas. No tapete de flores criado em frente à Catedral de Oslo, aparecia a seguinte mensagem: "Se um homem pode demonstrar tanto ódio, imagine quanto amor nós podemos expressar juntos". O primeiro-ministro Jens Stoltenberg repetia incansavelmente que não deixaria que os valores do país fossem abalados e que a resposta à violência seria mais democracia, mais abertura e maior participação política. Passados 10 anos, a promessa foi cumprida, sem mudanças na legislação, sem poderes especiais conferidos às forças policiais – que quase sempre andam desarmadas – e com o condenado cumprindo a pena máxima de 21 anos isolado em uma confortável prisão onde, caso siga sendo considerado uma ameaça à sociedade, poderá ser mantido além desse período.

Durante o julgamento, permitiu-se que ele expressasse sua ideologia islamofóbica e que fizesse uma saudação de extrema direita cada vez que entrava no tribunal, a poucos metros de sobreviventes e parentes das vítimas fatais. Essa liberdade de expressão e relativa publicidade, mais do que difundir alguma ideia radical, parece ter causado danos ao neofascismo, por permitir à população um julgamento livre e informado. De fato, o apoio a grupos extremistas na Noruega diminuiu sensivelmente na última década.

Reconheço que não é fácil nem intuitivo aceitar essa conclusão, visto que alojamos em nosso genoma a sede de vingança e a tendência de achar que direitos humanos não se aplicam a bandidos e assassinos. Contudo, convém lembrar que a personalidade humana é um instrumento sofisticado, que precisa ser tocado com sensibilidade e inteligência, e não com instintos primitivos.

A melhor forma de combater terror e brutalidade, em qualquer ponta do espectro político, é agir de forma superior, evitando adicionar combustível à fogueira do radicalismo. O objetivo do terrorista é chocar, dividir e nos coagir a sacrificar a liberdade em favor de uma ilusória segurança. Obviamente, contenção e defesa são eventualmente necessárias em situações extremas, porém, quando escolhemos vingança e agressividade como regra para tratar a violência, terroristas e criminosos venceram a batalha. De forma cada vez mais evidente, detenções sem julgamento, armamento indiscriminado da população, tortura e tratamento diferenciado de criminosos, como aplicam os Estados Unidos em Guantánamo, são medidas contraprodutivas para a solução da criminalidade e do extremismo.

A Noruega e os países escandinavos não são perfeitos, mas servem como baliza para que entendamos como proceder quando parece necessário escolher entre liberdade individual e retrocesso ao autoritarismo. Diante da brevidade e finitude da existência, e em clara oposição à involução de regimes de exceção, cito uma frase repetida pelo explorador Roald Amundsen no final de sua vida: "A felicidade é a capacidade de utilizar plenamente nosso único e inigualável potencial".

Islândia
Gelo, magma e sagas

Em maio de 2011, tudo estava organizado para a cerimônia do meu casamento. Na capital escocesa, estávamos comovidos e felizes com a mobilização de amigos e familiares que chegariam do Brasil e de outros países para celebrar conosco. Uma semana antes do enlace, a 1.200 quilômetros dali, iniciava uma outra movimentação, sob uma geleira islandesa, desencadeando tremores de terra e a subsequente erupção do vulcão Grímsvötn, o mais ativo da Islândia, ejetando viscosas cinzas vulcânicas que logo chegariam à Escócia, fechando todos os aeroportos e cancelando milhares de voos por toda a Europa.

Seis anos depois, visitei pela primeira vez esse curioso país formado por erupções e tremores, onde a lava e o frio intenso formaram uma paisagem única de montanhas curvilíneas e suaves que escondem a intensa atividade geológica e vulcânica sob as placas tectônicas norte-americanas e euroasiáticas. Somente na Islândia esses dois continentes se encontram sobre terra firme. A ilha orgulha-se também de ter sido o berço, em 930 d.C., do mais antigo parlamento ainda em funcionamento, chamado de Althing.

A milenar nação islandesa, independente da Dinamarca desde 1918, tem somente 360 mil habitantes, o que faz dela o país menos populoso da Europa. Dois terços da população estão na capital Reykjavík, uma agradável, aconchegante e desenvolvida cidade na costa sudoeste da ilha. Os islandeses se orgulham de sua origem viking, descrita em detalhes, e de forma parcialmente mitológica, nas chamadas Sagas dos Islandeses, que contam em vários tomos a história das famílias que chegaram à ilha após seu descobrimento, em 874 d.C.

O caldeirão geológico sobre o qual a Islândia está assentada fornece a energia necessária para uma vida confortável em um clima polar. A energia geotérmica aquece 90% de sua população e é trazida aos centros urbanos por uma extensa rede de tubulações. A eletricidade é gerada por usinas hidroelétricas e geotérmicas, com 80% dela usada em usinas de alumínio, uma das maiores fontes de renda do país.

Em Reykjavík, hospedei-me em uma pensão simples, com quartos pequenos, banheiro compartilhado e um generoso café da manhã. Como em outros países escandinavos, a cultura minimalista fornece conforto na medida certa, sem excessos, fazendo-nos refletir sobre a razão pela qual queremos sempre acumular tanto e, paradoxalmente, jogamos tantas coisas fora – uma fútil armadilha que nos motiva a seguir consumindo sem a devida ponderação.

No primeiro dia, no chuveiro, tive a impressão de que havia algo de podre naquele reino sanitário, para em seguida lembrar que toda a água quente da ilha, coletada em seu subterrâneo, traz consigo o odor de ovos estragados do enxofre, ao qual logo me habituei.

A Islândia oferece muitas atrações, quase todas ligadas aos recursos naturais. Dezenas de estações termais proporcionam enormes piscinas naturais de águas leitosas e azuis, com temperatura em torno dos 40 graus. O esplendor da natureza do país pode ser percorrido tranquilamente, sem o ranço turístico de países mais populosos. Percorrendo as estradas do interior da ilha, a paisagem é deslumbrante, apesar da virtual ausência de árvores. Na vastidão do horizonte, avistam-se cavalos selvagens, montanhas geladas e a vegetação rasteira que nasce sobre os lençóis de lava solidificada.

Os gêiseres do Vale de Haukadalur, sobre as terras altas da Islândia, fazem a água, perto da temperatura de ebulição, jorrar a até 70 metros de altura, em intervalos regulares de cerca de 5 minutos. Os maiores são o Strokkur e o Geysir, que, por sinal, deu origem à palavra "gêiser". No caminho até lá, visitei as enormes crateras de dois vulcões extintos, que servem para dar a dimensão do potencial criador e destruidor da atividade geotérmica parcialmente contida sob a crosta do país. A próxima parada foi nas cataratas escalonadas de Gullfoss, com suas imponentes e velozes quedas que, felizmente, foram protegidas pelo Estado para que não virassem mais uma usina hidroelétrica.

Fechei o chamado círculo de ouro do roteiro no Parque Nacional Thingvellir (campo da assembleia, em islandês), onde se caminha pelo cânion formado pelas placas tectônicas que separam os continentes americano e europeu. No parlamento que ali foi fundado há mais de mil anos, chefes de todos os assentamentos da ilha se reuniam regularmente, com alguns levando até 17 dias de jornada para fazer parte das decisões coletivas. A sede da assembleia (Althing) só foi transferida para a capital em 1881.

De volta ao centro de Reykjavík, visitei a Igreja de Hallgrimur (Hallgrimskirkja) que, apesar de ter sido projetada há mais de 80 anos, impressiona pelo conceito contemporâneo e expressionista, inspirado nas rochas e geleiras da Islândia. A arquitetura escandinava, sofisticada em sua simplicidade, está presente também no prédio da Sala de Concertos e no Centro de Conferências Harpa, emoldurada pelo porto antigo da cidade e pelas águas gélidas do Oceano Ártico.

A maior parte dos islandeses acredita, ou pelo menos não nega acreditar, na existência dos chamados trolls, ou elfos, que seriam criaturas que se escondem na natureza e só aparecem para roubar comida, causando balbúrdia por onde andam. Não vi nenhum desses seres ocultos na Islândia, porém, lendo certos comentários em redes sociais e até algumas opiniões em publicações sérias, eu diria que os trolls, ao menos os cibernéticos, nunca estiveram tão ativos como nos dias atuais.

Como no relevo harmonioso do país, humores e tensões, naturais nos humanos, parecem ser também abrandados pelo frio e pela ameaça sempre presente de terremotos e erupções vulcânicas. As pessoas são calmas, ponderadas e, pela necessidade de sobreviver em grupo, muito focadas no coletivo e no meio ambiente. A Islândia sofreu um baque econômico, em 2008, que colocou o país de joelhos diante da crise bancária mundial. Com a união e o esforço concentrado da população, a recuperação foi muito rápida e não deixou sequelas.

Comecei citando o prenúncio de interrupção que as cinzas islandesas causaram à celebração de meu casamento. Três horas antes da cerimônia em Edimburgo, a erupção do Grímsvötn cessou completamente, acalentando o temor de que causaria um caos aéreo de proporções comparáveis àquele de um ano antes, quando o impronunciável vulcão islandês Eyjafjallajökull provocou o maior blecaute aéreo comercial desde a Segunda Guerra Mundial. As cinzas do Grímsvötn, contudo, já tinham se dissipado no céu britânico dois dias antes, permitindo que os voos dos estimados convidados chegassem em tempo à capital escocesa.

LONDRES
FONTE (QUASE) INESGOTÁVEL DE CURIOSIDADES

◢ WIMBLEDON
GRAÇA E SUOR NO TEMPLO DO TÊNIS

O simpático e arborizado distrito de Wimbledon, na capital britânica, tornou-se mundialmente conhecido por abrigar o Clube de Tênis e Críquete de Todos os Ingleses, sede dos Campeonatos de Wimbledon. Símbolo maior do tênis, o torneio anual combina alto rendimento, aristocracia, tradição e paixão pelo esporte inventado por monges franceses no século XII e aperfeiçoado mais tarde pelos ingleses. Wimbledon, que teve sua primeira edição masculina em 1877 e feminina em 1884, permaneceu como torneio amador até 1968, início da era aberta do tênis, que permitiu a participação de profissionais nos principais torneios.

Já escrevi sobre as portas e sorrisos que Pelé abre para brasileiros pelo mundo, com fama e talento amplamente reconhecidos internacionalmente. Em recente visita ao museu e às lendárias quadras de grama de Wimbledon, fiz uma silenciosa homenagem a outro ícone esportivo, este com mais prêmios de vulto internacional que qualquer outro atleta brasileiro. Admirando troféus e quadros gravados com os campeões de Wimbledon, li sete vezes o único nome brasileiro a vencer o torneio inglês, três na categoria individual e quatro em duplas: Maria Esther Bueno colocou o Brasil no mapa do tênis mundial, com 19 títulos de Grand Slam, como são chamados os 4 torneios mais importantes do tênis.

Nas décadas de 1950 e 1960, Maria Esther contava com a ajuda da família e de amigos para as passagens e seguia sozinha para os torneios internacionais, em uma época em que mulheres casadas precisavam de consentimento escrito dos maridos para viajar. Em Londres, ela ia até Wimbledon usando transporte público, com duas raquetes e sem o entourage de treinadores, assessores e equipamento que cada jogador leva nos dias de hoje. A premiação que a brasileira recebia em cada conquista era um vale de 15 libras esterlinas, cerca de 1.900 reais em valores atuais, para ser usado nas lojas e restaurantes do clube. Um contraste abismal com os mais de 13 milhões de reais que a australiana Ashleigh Barty, campeã de 2021, recebeu como prêmio. O Brasil só veria outro tenista no topo do ranking mundial no ano 2000, com as vitórias de Guga Kuerten no Aberto da França.

Apesar de ser citada quando se fala em tênis, lembrada pelos mais antigos e reverenciada no cenário internacional, no Brasil, Estherzinha não chegou a ter todo o reconhecimento que deveria, fruto do foco excessivo no futebol e em esportistas masculinos. Exemplo de determinação, quando acometida por uma tendinite em 1968, Bueno treinou incansavelmente para jogar com o braço esquerdo e seguir participando de torneios.

Não posso deixar de citar também a maior tenista brasileira desde Maria Esther Bueno: minha conterrânea, amiga de infância e multicampeã brasileira Niege Dias. Niege, além de ter participado de várias edições do Aberto dos Estados Unidos e Roland Garros, competiu em Wimbledon de 1985 a 1987, chegando à 31ª posição no ranking mundial.

O clube londrino e a quadra central de Wimbledon, com seu prestigiado camarote real e mais de 15 mil lugares, representam o maior templo do tênis mundial, não somente por feitos esportivos, mas também por exaltar a natureza cosmopolita e a diversidade do esporte. O moderno e interativo Museu de Wimbledon destaca, por exemplo, os primeiros negros campeões do torneio, em um esporte cuja participação em clubes brasileiros era, até muito recentemente e de forma explícita ou velada, exclusiva para brancos. A norte-americana Althea Gibson, primeira pessoa negra a vencer o torneio, em 1957, ressaltava a distância atroz entre receber o prêmio das mãos da Rainha Elizabete II e, em seu país natal, ser obrigada a sentar nos bancos de ônibus destinados aos negros. O museu, entre outras curiosidades, realça ainda as duas invenções que permitiram a existência do tênis nos gramados de Wimbledon: a vulcanização de Charles Goodyear (1844), para as bolas, e a criação do cortador de grama pelo britânico Edwin Budding (1830). O gramado de Wimbledon é mantido rigorosamente com 8 mm de altura.

Uma das maiores rivais de Bueno, a americana Billie Jean King, teve sua história narrada em um filme de 2017. Em um país com raros exemplos públicos de virtude e onde pouquíssimos ídolos escapam de críticas e injustiças, quem sabe Maria Esther, falecida em 2018 aos 78 anos, tenha um dia sua biografia, seu esforço e sua rara combinação de talento, glória e humildade eternizados como exemplo para nossas novas gerações, atletas ou não.

A capital do Reino Unido, no auge da expansão imperial britânica e como palco da revolução industrial, foi, por vários séculos, uma espécie de capital do mundo. Hoje, traços desse apogeu estão por toda a parte. O que mais me atrai nessa cidade de 9 milhões de habitantes, onde se falam mais de 300 línguas e sob a qual correm 21 rios enterrados pela atual metrópole, não são os pontos turísticos tradicionais, mas as menos conhecidas curiosidades em suas ruas, seus prédios, suas histórias e seus quase 200 museus. Divido aqui duas delas.

A INFLUÊNCIA LONDRINA NA ECONOMIA DE MINHA CIDADE NATAL, SANTA CRUZ DO SUL

Para renovar o passaporte de alguém da família, visito regularmente o Consulado Geral do Brasil em Londres, no encontro da Rua Oxford com a Rua Bond. Em 1847, nessa mesma via, agora conhecida como New Bond Street, um cidadão britânico abriu um pequeno negócio, vendo o estabelecimento prosperar rapidamente com a venda de tabaco e cigarros de fabricação própria. Quando o proprietário faleceu, de câncer, com apenas 38 anos, a esposa Margaret e o irmão Leopold assumiram e expandiram a empresa, que mais tarde acabou sendo incorporada no outro lado do Atlântico, nos Estados Unidos. O prédio da pequena loja da Bond Street número 22 não existe mais. Segue vivo, porém, o nome do fundador, o Sr. Philip Morris.

Curiosamente, em 1873, ano em que Philip morreu, os ingleses William Hedges e Richard Benson fundaram outra tabacaria na mesma rua, no número 13. Na metade do século passado, deu-se a fusão da empresa Philip Morris com a Benson & Hedges. A Philip Morris é hoje a maior corporação de tabaco do mundo, com valor global de mercado de 145 bilhões de dólares (2020), seguida por outra empresa derivada da companhia, o Grupo Altria, com US$ 97 bilhões, e pela British American Tobacco (BAT), com US$ 92 bilhões. A BAT iniciou como uma empresa americana em 1902, com a fusão da American Tobacco Company e da inglesa Imperial Tobacco Company. Esta última ainda existe como corporação separada, chamada hoje de Imperial Brands, com sede em Bristol, Inglaterra. Como bem sabem os santa-cruzenses, a Souza Cruz é a subsidiária brasileira da BAT desde 1914.

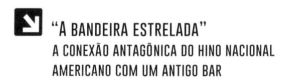

"A BANDEIRA ESTRELADA"
A CONEXÃO ANTAGÔNICA DO HINO NACIONAL AMERICANO COM UM ANTIGO BAR

Na esquina das ruas Strand e Arundel, próximo da Igreja de São Clemente, um bar (*pub*) chamado "Coroa e Âncora" era o ponto de encontro de um clube de cavalheiros chamado Sociedade Anacreôntica. Anacreonte foi um poeta grego que celebrava o vinho, a música e o amor às mulheres. Em cada reunião, os alegres beberrões entoavam com entusiasmo seu canto próprio, chamado "A canção anacreôntica". Hoje, o local tem uma lanchonete com nome francês, que não serve bebidas alcoólicas e onde ninguém canta.

A letra do hino dos Estados Unidos é a primeira estrofe do poema "A defesa do Forte McHenry", escrito em 1814 pelo advogado e poeta amador Francis Scott Key. Francis testemunhou o bombardeio britânico do Forte McHenry, em Baltimore, e as palavras foram inspiradas pela enorme bandeira americana, na época com 15 estrelas e 15 listras, que seguiu tremulando até a vitória americana sobre a Grã-Bretanha na chamada Guerra de 1812.

A melodia escolhida para o hino, ironicamente, foi "A canção anacreôntica", ou seja, a glória e o patriotismo cantados por uma nação fundamentada no purismo religioso foram inseridos em uma melodia criada por ébrios de um clube hedonista do reino contra o qual os Estados Unidos lutavam. Para um país com tantos contrastes, o paradoxo do hino até faz algum sentido.

Há 12 anos, recebi a cidadania norte-americana em uma bela cerimônia, recheada de rituais patrióticos, e que contou com a participação, via videoconferência, do então presidente Barack Obama. Junto comigo, estavam cidadãos de dezenas de países, e alguns repetiam que aquele era o dia mais importante de suas vidas. No final da solenidade, chegou a hora de cantar o hino, pela primeira vez como cidadãos do país de George Washington. Observei a emoção nos olhos marejados de todos em minha volta. Um terço da minha vida tinha sido vivida em solo estadunidense, e eu estava certamente honrado com a naturalização. No momento do hino, contudo, fiquei pensando na origem daquela conhecida melodia, o que acabou tirando um pouco da emoção do momento. A ignorância, por vezes, pode ser uma bênção.

Rainha Elizabeth II
A encarnação da história

Na pequena paróquia católica da qual faço parte na Inglaterra, por vezes transportamos pessoas com problemas de mobilidade para as missas dominicais. Uma senhora, em particular, é motivo de alegria para meus filhos, que fazem questão de ajudá-la a sair de casa, carregam seus pertences e escutam sua voz fragilizada com admiração e respeito. Maureen Carroll está próxima de completar um século e, enquanto a saúde permitiu, dedicou sua vida à caridade e ao auxílio espiritual, na comunidade e fora dela. Há dois anos, Maureen recebeu um reconhecimento pessoal da Rainha Elizabeth II, que a homenageou com a Medalha do Império Britânico, uma honra mais que merecida.

Para quem nasceu e cresceu em uma república, não é fácil compreender o sentido da monarquia, com chefes de Estado cujo único mérito para receber o cargo é o de ter saído de um ventre real. Já meus filhos, nascidos e criados no Reino Unido, encaram de forma natural o fato de a Rainha simbolizar a unidade da nação e se orgulham de ter uma vizinha que foi condecorada pela monarca.

Na prática, a coroa britânica não tem mais poder efetivo. Como qualquer chefe de Estado, porém, ela tem o dever de representar a unidade de um povo, proporcionando estabilidade tanto nas horas difíceis como nos momentos de júbilo. Elizabeth II soube representar melhor que ninguém essa segurança, sem deslizes, sem palavras mal colocadas, sem interferência política e sem extremos emocionais. Fez sempre o que tinha que ser feito, e o fez com maestria. É claro que tal união também pode ser representada por governantes eleitos democraticamente, desde que trabalhem pelo bem do povo e saibam se comportar à altura do cargo, dentro e fora de seu país.

Levará tempo para nos adaptarmos à ideia de que Elizabeth II não é mais a rainha. A vasta maioria da população britânica nunca teve outro soberano, e o futuro dirá se o novo rei, Charles III, conseguirá manter pelo menos uma fração da popularidade que a mãe soube habilmente construir. Apesar da pompa e do luxo que sempre a envolveu, Elizabeth me pareceu, por sua postura e sua dedicação ao serviço público, ter uma certa aura de humildade. Tornou-se a herdeira presuntiva da coroa somente aos 10 anos, quando o tio, Eduardo VIII, abdicou do trono. Aliás, apesar de o motivo da abdicação ter sido o desejo de se casar com uma norte-americana divorciada, Eduardo, indiretamente, salvou o reino de ter um monarca admirador de Hitler, lembrando que, já na primeira guerra, a Casa de Hannover, originalmente alemã, mudou seu sobrenome para Windsor, dissociando-se assim do tradicional inimigo dos ingleses.

Elizabeth jamais foi à escola, teve uma infância limitada ao convívio familiar e não era uma mulher com cultura excepcional. Aos 25 anos, com a morte do pai, tornou-se chefe de Estado de 32 países (hoje restam 15, entre eles o Canadá, a Austrália e a Nova Zelândia), líder da comunidade britânica de 54 nações (Commonwealth) e Governadora Suprema da Igreja Anglicana. Ao ser coroada, seu primeiro-ministro – foram 15 no total – era Winston Churchil, e os líderes da China e da União Soviética eram, respectivamente, Mao Tsé-Tung e Josef Stalin.

A Rainha viveu os últimos dias em seu local predileto, o Castelo de Balmoral, nas terras altas da Escócia, com o isolamento e o prestígio que desfrutava na região, mesmo diante da possibilidade cada vez maior de a Escócia se separar do Reino Unido. Ao entardecer de 8 de setembro de 2022, o sentimento na Grã-Bretanha era de que, ao menos por um instante, a história havia parado. Como não poderia deixar de ser, houve tristeza, mas não exacerbação, em uma cultura que se orgulha de manter a calma e o bom humor em situações adversas.

Foram poucas as oportunidades de conhecer a personalidade de Elizabeth fora de seu papel oficial. Uma pergunta que era feita seguidamente à monarca sempre me chamou a atenção: "Dos líderes mundiais que havia encontrado em 7 décadas, qual deles tinha deixado a impressão mais marcante?" Sem titubear, ela dizia se tratar de Nelson Mandela, que sempre a tratou de Elizabeth, sem os títulos e as reverências tradicionais. A Rainha repetia que Mandela havia sido a pessoa menos rancorosa que conheceu e que, ao mesmo tempo, era a que mais razões tinha para guardar rancores. Considerava-o um símbolo de sofisticação na simplicidade, algo que também nos diz muito sobre o caráter e a real majestade de Elizabeth II.

A COROA E A MITRA
O FIO TÊNUE ENTRE LONDRES E O VATICANO

Enquanto o coro da Abadia de Westminster entoa "Zadok the Priest" (Zadoque, o Sacerdote), composição de Händel usada em coroações britânicas há três séculos, o Arcebispo de Canterbury, *primus inter pares* (primeiro entre iguais) dos bispos anglicanos, unge o novo monarca, em uma cerimônia eminentemente religiosa. Em coroamentos e exéquias, como no recente funeral de Elizabeth II, a responsabilidade de organizar e coordenar os grandiosos eventos da realeza britânica recai historicamente sobre o Conde Marechal (Earl Marshal), cargo ocupado desde o século XVI pelo mais graduado nobre inglês, o Duque de Norfolk. Paradoxalmente, os duques de Norfolk jamais se converteram à Igreja da Inglaterra, permanecendo fiéis aos papas e ao catolicismo.

Pouco se fala sobre a complexa relação, hostil no passado e hoje bem mais amena, do Reino Unido com a Igreja Católica. Em 1534, o Rei Henrique VIII decidiu romper com Roma, criando a Igreja Anglicana e proclamando a si mesmo como cabeça da nova denominação. O intuito era driblar o Papa Clemente VII, que o havia proibido de se divorciar de Catarina de Aragão e de se casar com Ana Bolena, com quem Henrique esperava ter um herdeiro. Além do motivo relativamente fútil para a cisão, estava implícito o desejo de se livrar definitivamente do poder de Roma, no que pode ser considerado o primeiro Brexit. Quando, 2 anos depois, Henrique decidiu se safar também de Ana, que igualmente não lhe dava filhos, optou por uma decisão não menos radical, mandando decapitar a esposa.

Por gerações, a Igreja Católica Romana foi considerada uma ameaça à monarquia e à própria nação. Em 1570, o Papa Pio V declarou como herética Elizabeth I, a herdeira de Henrique VIII, e a excomungou. A retaliação foi imediata, com punição aos católicos que não participassem de cerimônias anglicanas e pena de morte aos que protegessem padres católicos, além de legislação específica que proibia os católicos de ascenderem ao trono.

O parlamento inglês, temeroso da crescente influência papal e dos frequentes casamentos de reis ingleses com princesas católicas, decretou em 1673 que todos os oficiais civis e militares fizessem um juramento negando a transubstanciação. Na mesma época, em um famoso exemplo de *fake news*, o chamado "Complô Papista" denunciava uma suposta conspiração papal para assassinar Charles II, suscitando uma onda de histeria anticatólica. Apesar disso, os sucessores de Henrique VIII sempre nutriram certa fascinação por Roma. Alguns deles, como o próprio Charles II em seu leito de morte, se converteram ao catolicismo. Seu sucessor ficou no trono por somente 3 anos, e o parlamento, com medo de um novo reinado Stuart, convidou o príncipe protestante holandês Guilherme de Orange para assumir o trono. Somente no final do século XVIII iniciou-se uma leve distensão, sendo permitido aos católicos comprar terras e professar sua religião em solo inglês.

Finalmente, no início do século XX, graças à pressão de milhares de irlandeses que emigraram para a Grã-Bretanha, caiu a lei que exigia a negação da transubstanciação, e Eduardo VII, que era afeto ao catolicismo, pôde visitar o Papa Leo XIII em Roma, embora o tenha feito de forma privada, e não como monarca. Alguns dizem que também ele teria se convertido pouco antes de morrer.

Os 70 anos de reinado de Elizabeth II ficaram marcados pela aproximação inédita entre o Vaticano e a Igreja Anglicana. Vestindo preto, como manda o protocolo eclesiástico, a Rainha visitou cinco papas na península italiana e recebeu João Paulo II em Londres (1982) e Bento XVI em Edimburgo (2010). A fé cristã da monarca impressionou os papas que com ela estiveram. Enquanto Elizabeth I havia sido chamada por Pio V no século XVI como "falsa Rainha da Inglaterra e serva do crime", Elizabeth II é comumente descrita nos corredores do Vaticano como "a última monarca verdadeiramente cristã". Na cripta sob a Basílica de São Pedro, um monumento à dinastia Stuart inclui os túmulos de um cardeal e de um príncipe da família de James II.

Em 2013, a proibição aos católicos de ascenderem ao trono foi finalmente extinta, embora permaneça a exigência de que a pessoa coroada como Defensora da Fé (anglicana) não seja católica. Enquanto isso, o católico Duque de Norfolk, em seu papel de Conde Marechal, seguirá presidindo funerais e coroações da realeza britânica, símbolo vivo de que, apesar de toda a hostilidade mútua do passado, a separação entre as monarquias britânica e papal jamais foi absoluta.

A ponte entre Londres e Roma, que sofreu violentos ataques e esteve por vezes perto de ruir, restou fortalecida no reino de Elizabeth II e, quem sabe, guarda tempos ainda mais promissores com seus descendentes.

Liverpool
Um passeio mágico e misterioso

A música, como toda manifestação artística, é determinada pelo ambiente e, frequentemente, leva traços da infância e adolescência do compositor. Em uma atmosfera portuária permeada pela influência musical trazida de todos os cantos do mundo e onde rock e blues soavam livres nos bairros negros da cidade, um grupo de talentosos músicos absorveu essa mescla cultural e soube expressá-la primorosamente.

Para entender como a combinação formidável e revolucionária representada pelos Beatles pôde acontecer em um mesmo local de uma ilha ao norte da Europa, é preciso conhecer Liverpool, sua história, seu perfil socioeconômico e, é claro, a trajetória pessoal dos quatro famosos "scousers", nome derivado de um ensopado popular entre operários e marinheiros que virou sinônimo dos nativos e do sotaque dali.

Porto de entrada britânico para o intenso comércio das décadas de 1950 e 1960, Liverpool recebia, além de mercadorias, a diversidade da música popular, em especial dos Estados Unidos. A cidade, ainda que pobre, repleta de desempregados e ferida pela Segunda Guerra Mundial, tornou-se repleta e fecunda, musical e culturalmente.

Eu visito Liverpool frequentemente e, em cada oportunidade, procuro usufruir um encontro mais íntimo com o quarteto fabuloso, transitando pelo tempo em que viviam longe dos holofotes e das multidões em estádios lotados dos dois lados do Atlântico, culminando no maior fenômeno da música popular de todos os tempos. O ambiente que gerou os Beatles permanece vivo na região das docas do porto, nos arredores sujos e belos da Estação Lime Street e na gente simples e solitária dos subúrbios e das calçadas da Penny Lane, alameda ao sul da cidade.

As letras dos Beatles foram definidas em pessoas como Daisy Hawkins, senhora que contava fascinantes histórias ao jovem Paul McCartney e acabou inspirando *Eleanor Rigby*. As melodias que conquistaram o planeta traduzem lugares como Woolton, subúrbio de Liverpool, onde John Lennon, abandonado pelos pais, vivia com uma tia ao lado do orfanato feminino Strawberry Field. A canção *Strawberry Fields Forever* não é inspirada em plantações de morangos, e sim na relação de John com a cidade e na sua identificação com órfãs que ele observava além dos muros da instituição. O orfanato, fechado em 2005, está decrépito e abandonado, mas ainda é parada obrigatória para os fãs da banda.

Filhos da guerra, John e Paul perderam suas mães, Julia e Mary, respectivamente, na adolescência, e talvez isso também tenha, de alguma forma, aproximado personalidades tão diferentes. Ainda sobre a influência materna, Louise Harrison, praticante de ioga e meditação, enchia a casa com música indiana, o que ajuda a explicar a fascinação de George pelos sons do subcontinente asiático e pela cítara de Ravi Shankar. Com variados estilos musicais, Liverpool parece ter ensinado os Beatles a desenvolver, com naturalidade, desde baladas simples até canções mais complexas e psicodélicas.

A estreita Matthew Street, que até o fim dos anos 1950 era um mercado de frutas e verduras, se transformou na Meca dos beatlemaníacos, hoje tomada por bares e música ao vivo. Ali, em um clube de jazz subterrâneo, os adolescentes Beatles fizeram a primeira apresentação pública, em 1961 (Ringo Starr substituiu Pete Best em 1962), escalados para o final da noite e instruídos para tocar somente jazz. Diante da pouca atenção que estavam recebendo, John anunciou: "Já que ninguém está nos escutando, tocaremos o que quisermos". A próxima canção foi *Don't be Cruel*, de Elvis Presley, seguida de mais rock'n'roll até serem expulsos pelo furioso proprietário, Alan Sytner. Felizmente, ao retornarem do período em que se apresentaram em Hamburgo, Alemanha, o Cavern Club tinha novo dono e estilo musical mais heterogêneo. A banda voltou a se apresentar no local centenas de vezes, cativando o público do melhor clube musical da cidade, que funciona até hoje.

No documentário *Get Back*, lançado em 2021, Paul aparece no estúdio, em 1969, compondo a canção que dá nome ao filme. Fiquei com a impressão de que ele, ao fechar os olhos, caminhava por sua cidade natal. Nenhuma outra banda chegou próximo ao sucesso e à realização dos Beatles. Muitos debatem sobre a influência de produtores, empresários e músicos como Brian Epstein, George Martin e Billy Preston, certamente vitais para o sucesso do "Fab Four". O quinto Beatle, contudo, sempre me pareceu ser a mágica e misteriosa cidade de Liverpool.

RIQUEZA E SOFRIMENTO NO TRIÂNGULO MARÍTIMO

Nas aventuras de Robin Hood, o Príncipe João, irmão do Rei Ricardo I, o Coração de Leão, é um dos vilões da história. O mesmo nobre brigão, ao se tornar Rei João da Inglaterra, fundou em 1207, no estuário do Rio Mersey, a 3 quilômetros do mar, a cidade de Liverpool.

Aproveitando um feriado britânico, tomei um trem para retornar à cidade de 500 mil habitantes, dessa vez com o objetivo de visitar dois museus. O primeiro, a Galeria de Arte Walker e sua espetacular coleção de pinturas e esculturas. A propósito, em número de museus e prédios históricos, Liverpool só perde no Reino Unido para Londres, figurando entre as principais cidades da Europa. Ao sair da Estação Lime Street, avisto o magnífico St. George's Hall, construção neoclássica que impressiona quem desembarca na cidade. Perto dali está uma das melhores salas de concerto da Europa, a Phillarmonic Hall. Às margens do Mersey, destacam-se as docas (Albert Dock é a mais famosa) e três marcos arquitetônicos conhecidos como as três graças, além de dezenas de pontos de interesse histórico e artístico. Se, além das artes, o interesse for esportivo, vale a visita ao Estádio Anfield, templo de uma das mais famosas equipes de futebol do planeta, o Liverpool Football Club.

A riqueza que aportou em Liverpool, principalmente entre os séculos XVII e XIX, foi resultado do comércio marítimo. O porto da cidade, até hoje o mais extenso no mundo, tem 12 quilômetros de extensão. A alavanca do sucesso econômico foi o lucrativo triângulo comercial transatlântico, que levava tecidos, armas e outras mercadorias da Inglaterra para a África, africanos escravizados para as Américas e, no retorno para a Grã-Bretanha, produtos do Novo Mundo, como açúcar e algodão, este diretamente para as tecelagens da vizinha Manchester.

No século XVIII, as embarcações de Liverpool dominavam o tráfico de escravos, responsáveis pelo transporte de mais de 1,5 milhão de cativos para as Américas, e impulsionavam traficantes de outros países europeus e do Brasil. A escravidão arrancou 12 milhões de africanos de seu continente, destituídos de sua identidade e tratados como animais. A tragédia segue presente nas consequências, positivas para a economia europeia e desastrosas para a grande maioria dos habitantes da África e das Américas. A Inglaterra, mesmo após sua abolição em 1833, seguiu lucrando por décadas com os produtos da escravidão descarregados em Liverpool.

A poucos metros das docas nas quais navios negreiros eram construídos, cumpri o segundo objetivo da visita: o Museu Internacional da Escravidão, um dos únicos sobre o tema no mundo e, de longe, o mais completo e bem-organizado. Ali se entende o papel da escravidão no desenvolvimento da cidade e da Europa, evidenciando a chaga deixada pela abominável prática. Painéis, maquetes e objetos originais apresentam a cultura e o desenvolvimento africano anterior ao século XVI, progresso que foi travado pela ganância e desumanidade de europeus, brasileiros e americanos. A exposição honra o trabalho e a técnica dos escravizados, avultada por descendentes que inspiram e se destacam na música, ciência, literatura e política. Entre centenas de personalidades, estão retratados os brasileiros Pelé, Gilberto Gil, Benedita da Silva e o mestre de capoeira Vicente Pastinha.

O Brasil, país que mais recebeu escravizados e último nas Américas a abolir a escravidão, tem o maior número de pessoas que sofrem com as sequelas de uma abolição burocrática, que indenizou generosamente donos de escravos, mas jamais deu chance de recuperação às reais vítimas. Ainda assim, ou quem sabe por isso, não temos um museu do gênero e, bem mais importante, não há até hoje uma legislação estruturada e inteligente de antirracismo. Mecanismos de reparação baseados em dados históricos e em humanidade implantados em muitos países, como cotas em escolas e universidades, participação política e empresarial, são até combatidos com truculência e ressentimento por quem ainda usufrui, ou imagina se beneficiar, do abismo social brasileiro. Muitos alegam não ter culpa pelo passado, porém seguem privilegiados pelo arcaico racismo estrutural. Ainda não acordaram para o fato de a escravidão ser nossa maior ferida histórica, que engessa qualquer tentativa de realizar o potencial que o país sempre teve, gerando ainda a brutalidade e o desprezo que oprimem negros e pobres no Brasil.

Por intermédio da educação, em algumas gerações, essa questão que jamais poderá ser esquecida talvez se torne tópico natural e efetivo de programas de governo, políticas públicas e governança no setor privado, proporcionando alguma esperança de uma nação menos violenta e mais justa.

Angola
No corpo e na alma do Brasil

Aproveitando a folga de um domingo chuvoso em Luanda, decidi visitar o Museu Nacional da Escravatura, ao sul da capital angolana. Percorro parte da estrada litorânea Luanda-Benguela, cercada por milenares baobás, ou imbondeiros, também conhecidos como "árvores garrafa" na África, por armazenarem até 100 mil litros de água em seu tronco desproporcionalmente espesso e liso. Ao chegar, para minha decepção, encontro o museu fechado, com um guarda solitário na guarita que dá acesso ao local. De longe, avistei a construção, sobre uma colina à beira-mar, adjacente à antiga Capela da Casa Grande, onde os escravos eram batizados antes de partirem para a viagem sem volta ao Novo Mundo. Lamentei-me ao funcionário estatal por ter vindo de longe e não poder visitar o museu sobre o qual eu tinha pesquisado. Solidarizando-se comigo, ele respondeu que poderia abrir, caso eu lhe desse uma "gasosinha", gíria local para propina. Então, me fiz de desentendido e ofereci uma garrafa de água com gás que eu trazia na mochila. Ele deu uma gargalhada e, mesmo sem os trocados solicitados, abriu a cancela e o museu.

Foi interessante conhecer os documentos ali guardados, os desenhos de navios com a logística macabra do tráfico humano, instrumentos de captura e aprisionamento de escravos etc. Mas, sem dúvida, o mais significativo foi estar no local em que o êxodo involuntário, a dor do distanciamento da terra-mãe e as agruras da escravidão eram vividos na carne. O tráfico só terminou, oficialmente, em 1836, quando Portugal proibiu a exportação de escravos de suas colônias. No fim das contas, foi bom eu ter ido ao museu em um domingo porque, com a boa vontade não remunerada do segurança, tive a chance de visitar sozinho, e em silêncio, aquele lugar emblemático, onde as paredes gritam por justiça e parecem exalar sangue e suor escravos.

Luanda foi fundada por portugueses, em 1576, e tornou-se o maior porto negreiro da história, com cerca de 4 milhões de escravos transportados a partir dali. Quando incluímos outras cidades angolanas como Benguela e Ajudá (hoje no Benim), esse número cresce para 6 milhões de cativos. Angola, por linhas desgraçadamente tortas, tornou o Brasil economicamente viável a partir do século XVII, com o ciclo do açúcar. A cana-de-açúcar, originária do sudeste asiático, foi trazida ao Brasil pelos portugueses, mas os cultivos já existiam na costa do Mediterrâneo e nas antigas colônias lusitanas.

Produzir o açúcar, primeiro produto de consumo em massa do planeta, na quantidade necessária para possibilitar sua popularização e satisfazer a crescente demanda europeia, requeria mão de obra intensa e numerosa, bem como as vastas áreas de plantio que o Brasil oferecia. As exportações do açúcar e, mais tarde, do café alçaram o comércio brasileiro a níveis mundiais e só se tornaram possíveis com a escravidão africana. Ao mesmo tempo, a demanda insaciável por esses produtos selou o destino e a maioria dos problemas sociais no Brasil e em Angola, com sequelas e preconceitos que, infelizmente, persistem até hoje.

Assim como países hoje se digladiam pela posse do petróleo, a África era um campo de batalha entre nações europeias nos séculos XVII e XVIII, competindo pela maior riqueza comercial da época: o tráfico de escravos negros para as Américas. A divisão política da África Subsaariana, à qual estamos acostumados, não reflete a divisão natural dos povos do continente, e esse é um dos motivos dos tantos conflitos na região, desfigurada pela fúria imperialista europeia dos últimos cinco séculos. Tribos e povos milenares, muitos deles com um passado cultural e economicamente rico, foram forçados a conviver com fronteiras coloniais arbitrárias, ignorando divisões naturais existentes e criando problemas graves que até hoje não foram solucionados.

Jinga, a mítica rainha dos povos da região no período do tráfico negreiro, aparece soberana em frente à imponente Fortaleza de São Miguel, de onde se avista a moderna Avenida Marginal ao longo da baía de Luanda. Além do simbolismo tribal, a enorme estátua é uma lembrança da influência do estilo soviético no Movimento Popular de Libertação de Angola, que lutou pela independência do país e tomou o poder em 1975. Angola, no início deste século, estava arrasada pela fome e pelos 27 anos de guerra civil pós-independência, que só terminou em 2002. Menos de duas décadas depois, o país tornou-se um dos maiores produtores de petróleo, gás natural, pedras preciosas e metais do mundo. A atual constituição, de 2010, redemocratizou o país, que, embora ainda tenha muitas falhas estruturais, avança economicamente, o que fica evidenciado na área urbana de Luanda, bem provida de infraestrutura em uma cidade cada vez mais aprazível e segura.

Estar em Angola, em contato com sua população de 30 milhões de habitantes, é como visitar uma parte significativa do espírito brasileiro, ajudando a entender nossas origens. É também uma forma de identificação das tradições e da musicalidade que influenciaram na formação do fenótipo brasileiro. Gilberto Freyre dizia que, no Brasil, "até no jeito de andar dos brancos, você encontra um pouco da África". O samba, a capoeira e palavras como "quitanda", "chamego", "moleque", "caçula", "cachimbo", "camundongo" etc. têm influência direta da cultura bantu, povo que vivia onde está hoje Angola. Outros aspectos relacionados ao comportamento amigável, o tapinha nas costas, os abraços, a forma de gesticular e interagir com os outros também têm forte influência angolana. Na culinária, foram os hábitos brasileiros, mais especificamente dos ameríndios tupis, que terminaram por influenciar Angola, que adotou a mandioca, trazida do Brasil pelos portugueses, como base de sua alimentação.

Na cultura contemporânea, Angola conhece muito mais do Brasil do que nós sabemos dos angolanos. Os programas televisivos, a música e a literatura brasileiras estão sempre presentes no dia a dia do país. Lamentavelmente, Angola também nos remete à escravidão, origem da desigualdade explícita brasileira e de seus consequentes problemas sociais.

Tanto no lado profissional, lidando regularmente com a empresa estatal de petróleo, a Sonangol, quanto no contato direto com a população, senti a simpatia e a ligação do povo angolano com os brasileiros. Torço para que o potencial de intercâmbio cultural e econômico seja mais explorado por essas duas ex-colônias lusitanas. Potencial esse que, há alguns anos, já foi detectado pela China, que é hoje o maior parceiro comercial de Angola.

O DNA angolano e africano está no corpo de muitos e, sem dúvida, na alma de todos os brasileiros. Embora isso nos confira uma valiosa riqueza cultural, muitos, por ignorância, ainda enxergam essa herança de forma negativa. Para os que não sofrem diretamente com o evidente racismo estrutural brasileiro, entre os quais me incluo, torna-se impossível entendê-lo completamente como mero observador. É preciso estudá-lo e monitorar constantemente as reações que ele nos causa, evitando as recorrentes conclusões precipitadas que desconsideram as nuanças da ferida nacional da escravidão. Ao negarmos a existência do preconceito racial e de nossa dívida com os cidadãos escravizados por séculos, bem como com seus descendentes, injustiçados e oprimidos até hoje, retornamos, por preguiça mental, ao nosso confortável ponto de partida, sem ter avistado o destino mais justo e próspero que, todos juntos, poderíamos alcançar.

Moçambique
Encantamento e acolhida

Dediquei um final de semana ensolarado de verão para conhecer, a pé, a capital de Moçambique. No centro da cidade, chamado de Baixa, o sorriso e a simpatia de todos com quem conversei, no animado Mercado Público, na Estação Ferroviária e pelas ruas de Maputo, deixaram-me a sensação de estar em casa, mais do que em qualquer outro país africano que tive a graça de conhecer.

O renomado escritor moçambicano Mia Couto diz que "a descoberta de um lugar exige a temporária morte do viajante". Ao me sentir realizado em um novo destino, especialmente quando viajo sozinho, é essa boa morte que parece ser uma ótima companheira. Em países estranhos para mim, me lembro sempre que, na verdade, o estranho por ali sou eu. Dificilmente entenderemos o espírito de um lugar se não deixarmos de ser nós mesmos, ao menos por alguns instantes. Já quando estamos acompanhados na jornada, tendemos a comentar as experiências de imediato, sem a devida reflexão, encaixando as percepções em formas preconcebidas, comparando demasiadamente e acabando, por vezes, contaminando o que vivemos.

Assim como Angola, Moçambique se tornou independente em 1975, como consequência da Revolução dos Cravos, que, em 1974, derrubou a ditadura em Portugal e determinou a descolonização dos territórios lusitanos na África. Até 1976, a capital se chamava Lourenço Marques, navegador português que explorou a região, mas, desde então, foi renomeada como Maputo, em homenagem a um chefe tribal dos povos Tsonga, de Moçambique. Localizada na costa do Oceano Índico, está bem próxima à fronteira com a África do Sul e a menos de uma hora de voo de Joanesburgo. A cidade tem pouco mais de um milhão de habitantes, ou cerca de três milhões se contado o restante da área metropolitana. A arquitetura colonial portuguesa está marcada nos locais históricos, incluindo, na construção que deu origem à cidade, a Fortaleza de Maputo.

O português é a língua oficial e, embora não seja a mais falada, é a que congrega os diversos povos moçambicanos, que têm como primeira língua idiomas de raiz africana bantu. Em todo o país, os brancos representam menos de 0,1% da população e, de acordo com os relatos dos nativos, sempre ficou claro para mim que não existem ali o preconceito e a segregação que vemos, por exemplo, na vizinha África do Sul.

Para um país que há 40 anos tinha 95% de analfabetismo, estava entre os mais pobres do mundo e até 1994 vivia em estado de guerra civil, nota-se um avanço significativo em infraestrutura, com avenidas largas, estradas novas, escolas etc. É evidente que ainda há muito a ser feito, mas a nação parece andar na direção certa. O motivo da minha viagem era profissional, o que me ajudou a entender um dos motores alavancando a economia moçambicana: as reservas de gás natural ao longo de sua costa, que começam a gerar a receita de que o país precisa para se desenvolver. Cidades e indústrias estão nascendo aceleradamente na região próxima à fronteira com a Tanzânia, que até pouco tempo era uma área quase abandonada. Eu torço para que o país encontre o progresso sem cair na armadilha da corrupção e insegurança que vive, por exemplo, a Nigéria, outro gigante dos hidrocarbonetos na África.

A alegria e o sorriso aberto dos moçambicanos são contagiantes. Apesar da pobreza evidente, me senti seguro por onde estive e muito à vontade para conhecer e conversar com todos, sempre muito simpáticos com a cultura brasileira.

Minhas memórias de viajante estão bem mais ligadas à experiência humana, a encantamentos e, seguidamente, a alguma enrascada do que à beleza natural e arquitetônica dos destinos. Como explica Mia Couto, que, como poucos, sabe transmitir a alma humana e a realidade através de fábulas tão ou mais significativas do que o puro relato jornalístico: "Ouça e perceberá que somos feitos não de células ou de átomos. Somos feitos de histórias".

Nigéria
O gigante econômico da África

Os relatos de viagem que escrevo, mais do que descrições turísticas, contêm experiências e encontros pessoais, por isso alguns destinos podem parecer menos convidativos. Por outro lado, um lugar que proporciona somente deleite e contemplação, sem gerar histórias e aprendizado, dificilmente acabará descrito por aqui. Um dos princípios de viajante que carrego, em viagens curtas ou longas, é que, por mais que se planeje, alguma coisa não sairá conforme o esperado e, seguidamente, os imprevistos geram as melhores histórias.

Ao desembarcar pela primeira vez em Lagos, a maior cidade nigeriana e uma das maiores metrópoles do mundo, da porta da aeronave avistei um cidadão em uniforme militar que portava uma placa com meu nome. O Comandante Osa se apresentou como agente do serviço de segurança contratado pela empresa em que eu trabalhava e estaria por perto durante todo o período em que fiquei no país.

Passado o longo trâmite de imigração, nos unimos ao restante da equipe de seis guardas armados com fuzis automáticos Kalashnikov e partimos em três veículos semiblindados. No meio daquele comboio paramilitar nada discreto, a situação, que inicialmente parecia surreal, se tornaria mais familiar ao longo dos dias que se seguiram.

Apesar dos milênios de civilização naquela região, o território atual da República Federal da Nigéria teve suas fronteiras definidas pela colonização britânica, que, direta ou indiretamente e quase sempre por meio da manipulação de chefes tribais, governou o país até a independência em 1960. O nome da nação, assim como o da vizinha Níger ao norte, provém do Rio Níger, que atravessa vários países do oeste africano até desaguar no Atlântico. Após períodos de guerra civil e ditadura militar, a democracia só se estabeleceu definitivamente com as eleições presidenciais de 1999.

Densamente povoado, o país tem quase o mesmo número de habitantes do Brasil em uma área similar à do estado do Mato Grosso, com mais de 250 etnias e ao menos 500 idiomas distintos. O inglês é a língua oficial, facilitando a comunicação entre seus mais de 200 milhões de habitantes divididos entre o norte muçulmano, onde a lei islâmica (*Sharia*) prevalece, e o sul cristão, baseado no direito comum herdado dos britânicos (*common law*). Há fontes de conflito permanentes, especialmente no norte do país, com movimentos fundamentalistas como o Boko Haram, que desde o início deste século aterroriza a população e já matou mais de 40 mil pessoas. Em 2014, o grupo sequestrou 276 meninas de uma escola local, causando repercussão internacional, com mais de 100 delas desaparecidas até hoje.

Em Lagos, vários roteiros e deslocamentos até os locais das reuniões foram feitos em barcos e lanchas, considerados mais rápidos, seguros e menos expostos ao risco. As saídas do hotel se limitavam aos encontros de negócios. Foram raros os contatos com a cidade de fora dos veículos, e passei a maior parte do tempo enredado em um trânsito caótico. Mesmo assim, observei pela metrópole algumas zonas ricas e muito bem cercadas. Vi também alguns acidentes de trânsito enquanto lá estive, e um desses infortúnios ficou marcado. Logo adiante do carro em que eu estava, um jovem que corria para atravessar as várias pistas de uma movimentada avenida foi atropelado e morreu instantaneamente. O trânsito parou por alguns minutos. Chocado, meu primeiro pensamento foi na mãe do adolescente, que naquela hora vivia os últimos minutos de uma etapa de vida prestes a desmoronar. Rezei para que, se viva fosse, estivesse bem, antes de ser atingida por uma dor que nunca mais a abandonaria. Meses antes, na Índia, presenciei outro acidente fatal com um motociclista, e aquele pensamento no sofrimento materno também aparecera automaticamente. Em instantes, o trânsito seguiu normalmente, desviando do corpo rígido sobre o asfalto com a naturalidade de quem evita um cão morto na estrada. Ninguém fez comentário algum. Só restaram o silêncio e a desesperança que a fragilidade humana explícita causa.

Foi uma pena, por um lado, ter ficado tão protegido naquela semana. Senti falta de um contato maior com a cultura local e fiquei desejoso de mais entendimento das virtudes e dos problemas do povo. Ao mesmo tempo, não deixou de ser um choque de realidade em um país que se digladia com as mazelas da colonização e convive com os problemas que a riqueza e a ganância de uma minoria sempre causam.

A Nigéria é conhecida como o gigante da África, por ser a maior economia do continente, rica em minérios e, principalmente, em petróleo – o ouro negro responde por 40% do PIB e 80% da receita do governo –, motivo que me levou a Lagos e às cidades do delta do Rio Níger algumas vezes.

Warri foi a capital do petróleo na Nigéria até a transferência em massa da indústria petrolífera para Port Harcourt. Entre as poucas empresas que ainda mantêm operações por ali, uma fazia parte do meu itinerário de visitas. No pequeno aeroporto de Warri, que mais parece uma base militar, o mesmo aparato bélico nos aguardava e atravessamos a cidade com o comboio armado liderado pelo mesmo comandante. Pelo que vi nas construções e pelas ruas esburacadas e malcuidadas, a cidade está literalmente em frangalhos, com taxas de desemprego de mais de 90%. Um dos guardas com quem troquei ideias me contou que nos tempos de pujança havia cerca de 15 igrejas cristãs na cidade. Após o ocaso da indústria petrolífera no local, grupos neopentecostais fizeram esse número saltar para mais de 300, e, como eu já havia notado em outros países da África Subsaariana, muitas são de matriz brasileira. É interessante notar como a pobreza pode ser terreno fértil para a evangelização, mas também para empreendedores pseudorreligiosos que sugam o que resta de um povo demasiadamente sofrido.

Ao chegarmos ao enorme parque de manufatura de uma empresa de capital francês, impressionou-me a fortaleza construída em torno das instalações, com muro duplo altíssimo, guaritas e dezenas de soldados armados. Atravessamos o primeiro portão, onde aguardavam militares e suas metralhadoras. Os veículos e os documentos foram revistados detalhadamente e, só então, fomos autorizados a entrar na área principal do complexo. O responsável pela operação era um português, que me deu mais pormenores sobre os cuidados necessários e as agruras de se viver ali. Todos os mais de 400 funcionários moram dentro das instalações, mesmo que tenham suas famílias na própria cidade.

Em Port Harcourt, cidade próxima à fronteira com Camarões, tudo gira em torno da indústria do petróleo. O aeroporto local é famoso por ter sido considerado o pior do mundo por vários anos seguidos. O motivo ficou evidente na área de desembarque, que há anos havia sido destruída em um incêndio e substituída por tendas improvisadas. No meio petrolífero, nigerianos estão espalhados pelo mundo e, como os que conheci em seu país natal, são sempre amáveis e alegres. O governo determina que a força de trabalho das multinacionais que se instalam no país, assim como ao menos 80% de toda a engenharia de plataformas de produção e redes de distribuição, esteja nas mãos de cidadãos nigerianos, que com isso se tornam profissionais competentes e reconhecidos mundialmente. Ponto para os governantes nesse caso.

Deixando o país, e antes de passar pela imigração, me despedi do disciplinado Comandante Osa no aeroporto de Port Harcourt. Os minutos seguintes ainda guardavam um capítulo final na jornada. Do agente de imigração até um funcionário do aeroporto na escada da aeronave, passando pelos funcionários do raio X e por oficiais que checavam os documentos, todos solicitaram auxílio monetário, também conhecido como propina. Embora alguns tenham sido bastante ostensivos, desviei das tentativas, aparentando não ter entendido o recado. O voo até Frankfurt fez uma escala na nova capital, a cidade planejada de Abuja, inaugurada em 1980. É uma ilha de desenvolvimento e segurança em um país contaminado por conflitos e criminalidade. Embarcaram políticos e oficiais do governo em seus típicos trajes coloridos, todos bastante animados em uma confraternização que durou até a chegada na Alemanha. A Nigéria foi o país onde me senti menos seguro até hoje, mas não pude concluir se era uma insegurança legítima ou simplesmente amplificada por excesso de cuidado e por um medo autoinfligido. Torço para que a nova nação encontre em breve o caminho da prosperidade, com igualdade e justiça social.

Gana
Uma lição de história (também do Brasil)

Em viagem de trabalho à República do Gana, na África ocidental, precisei me deslocar da capital Acra até Takoradi, cidade próxima à fronteira com a Costa do Marfim, onde estão as reservas de petróleo e gás natural desse populoso país de 30 milhões de habitantes. Entre as duas cidades costeiras, há duas fortalezas que testemunharam a história de sangue, sofrimento e coragem dos nativos daquela região, conectando os continentes africano e americano, em particular o Brasil e os ganeses.

Primeira colônia da África Subsaariana a obter sua independência, em 1957, o país é um conglomerado de etnias e reinos anteriores ao período colonial iniciado pelo império português no século XV. Portugal estava, inicialmente, interessado no ouro dessa região do Golfo da Guiné, tanto que a batizaram de Costa do Ouro. Em 1481, o rei

Dom João II ordenou a construção do Castelo de São Jorge da Mina (Elmina), como posto avançado do comércio português. Foi a primeira de dezenas de fortalezas construídas naquele trecho que incluía, além de Gana, os atuais Togo e Costa do Marfim. Um século depois, holandeses, ingleses e escandinavos transformaram os castelos em entrepostos de outro "produto" com alto valor de mercado: africanos escravizados.

É verdade que ali os europeus não entravam no interior africano, e cativos eram trazidos até a costa por líderes locais, capturados em guerras civis pelo principal reino da região, o dos povos acãs. É também verdade que os compradores de gente desembarcavam milhares de toneladas de pólvora e centenas de milhares de armas por ano nas praias do golfo, incentivando os permanentes conflitos entre os povos africanos e lucrando com eles.

Além de Elmina, que passou ao controle da companhia holandesa de comércio de escravos West India Company, outra fortaleza vizinha, o Castelo da Costa do Cabo, servia como feitoria britânica do tráfico negreiro. É impactante ver os porões úmidos e mal ventilados desses castelos, alguns com capacidade para armazenar 1.500 cativos de uma só vez, que aguardavam em condições subumanas o despacho para as Américas. As embarcações, nas quais viajavam como sardinhas, eram, no início, britânicas e, mais tarde, portuguesas e brasileiras. Em um cálculo diabólico, os traficantes consideravam a alta taxa de mortalidade, causada por doenças e pelas precárias instalações, economicamente mais vantajosa do que construir melhorias nesses armazéns de humanos. Os dois castelos foram preservados e designados pela UNESCO como patrimônio da humanidade. São monumentos em homenagem às centenas de milhares que sofreram e pereceram a caminho do Novo Mundo.

O Brasil se entrelaça culturalmente com esse território, também chamado de Costa dos Escravos, especialmente a partir da descoberta de ouro e diamantes em Minas Gerais. Os cativos dali tinham experiência com garimpagem, sendo por isso preferidos pelos mineradores brasileiros. Em quatro séculos, só dessa região da África, dois milhões de escravizados atravessaram o Atlântico, a metade deles em navios portugueses e brasileiros. O tráfico negreiro e a violência imprescindível para mantê-lo causaram guerras permanentes e desordem generalizada nessa faixa da costa africana, e seus efeitos devastadores são sentidos até hoje.

A agressividade, necessária para desumanizar os escravizados, continuava, é claro, do outro lado do oceano. O Brasil, último país das Américas a abolir oficialmente a escravidão, ainda está, infelizmente, longe de abandonar hábitos e vícios de mais de quatro séculos de racismo, desigualdade social e brutalidade. No desembarque, os escravizados eram asseados e pesados. Tratados como animais, tinham seu peso registrado em arrobas, uma unidade usada na pecuária. Sem entrar em política, e puramente analisando a questão cultural, é preciso lembrar que, em discurso de campanha, em 2018, o candidato que acabou se tornando a atual autoridade máxima da nação brasileira, talvez por desconhecimento histórico ou em uma tentativa burlesca infeliz, referiu-se a afrodescendentes de um quilombo usando essa mesma unidade de medida e complementou dizendo que não serviam nem para procriação. Muitos acharam graça, deixando mais uma vez evidente que aprendemos muito pouco e seguiremos por mais algumas gerações açoitados pelo preconceito herdado da escravidão, raiz de quase todos os problemas brasileiros.

Desde sua independência, Gana se recuperou gradualmente dos danos do colonialismo europeu e hoje tem um governo estável e democrático, com bons indicadores de saúde, crescimento econômico e desenvolvimento humano. A riqueza cultural da região também ressurge aos poucos. Uma amostra do passado de arte e tradição está nas centenas de belíssimas esculturas em bronze e marfim saqueadas da região pelos ingleses, hoje em exposição no Museu Britânico, em Londres. O alegre e hospitaleiro país de Kofi Annan, ex-secretário-geral da ONU e laureado com o Prêmio Nobel da Paz em 2001, faz renascer a esperança de ver povos oprimidos por séculos se unindo e renascendo como uma forte nação.

Arco Delicado, Parque Nacional dos Arcos, Utah, Estados Unidos.

Colina de Forrest Gump, Utah.
Ao fundo, vista do Monument Valley,
entre Utah e Arizona, Estados Unidos.

Estátua de Samora Mac[hel], primeiro presidente de Moçambique e Catedral de Nossa Senhora da Imaculada Conceição, Maputo, Moçambique.

Royal Albert Dock, Porto de Liverpool, Inglaterra.

Basílica de São Francisco, Assis, Itália.

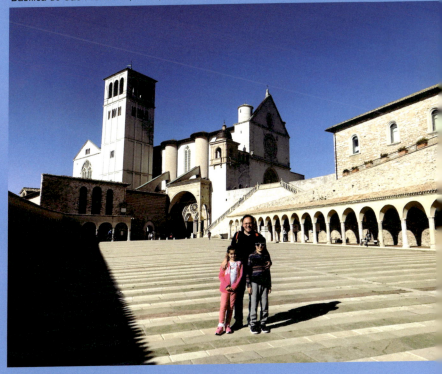

Praça de São Pedro e Basílica de São Pedro, Vaticano.

Podbrdo ou Colina da Aparição, Medjugorgje, Bósnia e Herzegovina.

Grande Mesquita de Santa Sofia, Istambul, Turquia, foi construída para ser a catedral bizantina de Constantinopla, em 537 d.C.

Museu Nacional da Escravatura, Morro da Cruz, Angola.

Pantheon, Roma, Itália.

Mesquita Jama Masjid, em Nova Délhi.

Casino de Monte Carlo, Mônaco.

Ópera de Sichuan, Chengdu, China.

Museu do Fram, Oslo, Noruega.

Castelo de Balmoral, Aberdeenshire, Escócia, a residência favorita de Elizabeth II.

Cataratas de Gullfoss, Islândia.

Parque do Milênio, Chicago, Illinois, Estados Unidos.

Santa Sofia foi convertida em mesquita após a Queda de Constantinopla, em 1453.

Grande Buda de Leshan, confluência dos rios Minjiang, Dadu e Qingyi, Sichuan, China.

Grande Buda de Leshan foi construída no ano 713 d.C.

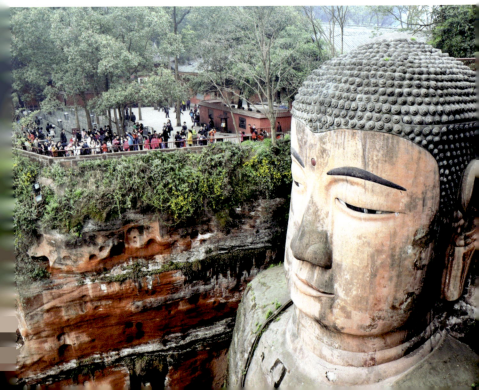

Fortaleza de São Miguel, Luanda, Angola.

Bazar Khan el-Khalili, Cairo, Egito.

Decumanus Maximus, a rua principal de Pompeia.

Pirâmide de Quéfren e Grande Esfinge, Gizé, Egito.

Pátio da mesquita Jama Masjid, do topo de um dos minaretes. Ao fundo, as muralhas do Forte Vermelho, em Nova Délhi.

Table Mountain, Cidade do Cabo, África do Sul.

Arredores de Anchorage, Alasca, Estados Unidos.

Glaciar Beloit, Whittier, Alasca.

Igreja Hallgrímskirkja, Reykjavik, Islândia.

Templo mortuário de Hatshepsut, Egito.

Stradun, a principal via de Dubrovnik, Croácia.

Lagos, Nigéria.

Cidade do Cabo, África do Sul
Heroísmo e luta por justiça

Na cerimônia fúnebre para Nelson Mandela, em dezembro de 2013, a situação parecia fugir do controle no enorme estádio de Joanesburgo. A inquieta multidão gritava palavras de ordem e vaiava sonoramente o presidente sul-africano Jacob Zuma, diante de líderes como Barack Obama, monarcas, primeiros-ministros e celebridades do mundo todo. Foi então que um religioso se aproximou do microfone e uma frase ecoou pelos alto-falantes: "Não quero ouvir nem mais um pio!" De imediato, o estádio silenciou para ouvir as palavras de Desmond Tutu, primeiro arcebispo negro do país, conhecido carinhosamente por seus compatriotas como "The Arch".

O prelado anglicano, apesar de ser um crítico do governo de então, salvava a situação mais uma vez, motivo pelo qual os novos mandatários da África do Sul o detestavam. Prêmio Nobel da Paz de 1984, Tutu lutou por toda a vida contra o governo de minoria branca, contra a política racista do *apartheid* e, mais tarde, pelo antirracismo. Seu combate se deu sem violência, sempre com as três grandes armas que possuía. A primeira, a coragem de estar na frente de batalha por direitos humanos; a segunda, a palavra de um orador incomparável, respeitado por todos em seu país e fora dele; a terceira, um exultante bom humor, com frases como "Quando o homem branco chegou aqui, nós tínhamos a terra e eles tinham a *Bíblia*. Agora, nós temos a *Bíblia* e eles ficaram com a terra".

Nelson Mandela, por sua vez, dispensa maiores apresentações. Acusado de "terrorista comunista" e preso de forma injusta e arbitrária por 27 anos, o mais importante líder da África Negra e Prêmio Nobel da Paz chegou, em 1994, à presidência da multiétnica "nação do arco-íris". Por entre as grades da ilha-prisão de Robben, Madiba avistava a mais espetacular cidade da África do Sul, alimentando o sonho de colocar a nação sul-africana no caminho da justiça.

A Cidade do Cabo foi fundada em 1652 pelo holandês Jan van Riebeeck, inicialmente como ponto de reabastecimento de navios mercantes. Hoje, quase 5 milhões habitam aquela que é, na minha opinião, uma das mais belas cidades do mundo, em uma combinação de beleza natural e vibrante desenvolvimento.

Para apreciar plenamente a espetacular paisagem e a belíssima orla, convém iniciar a visita embarcando no teleférico que leva ao topo da Montanha da Mesa, espetacular platô de três quilômetros de extensão que domina o panorama do lugar. Outro marco lendário e histórico, próximo dali, é o Cabo da Boa Esperança, que até hoje habita o imaginário de navegadores e amantes de história. Chamado originalmente, e com razão, de Cabo das Tormentas, a região mais austral do continente africano (o ponto mais ao sul é, na verdade, o Cabo das Agulhas, 150 quilômetros a sudeste) foi alcançada pelo grande navegador português Bartolomeu Dias em 1488, feito eternizado por Luís de Camões no poema épico *Os lusíadas* (1572), abrindo uma nova era no comércio mundial com a Índia, a China e os demais países asiáticos.

Antes de minha primeira visita ao país, as imagens que eu trazia eram de fotografias de meu pai, em suas passagens por ali nos anos 1970. Ele contava também histórias que o haviam marcado, relativas à segregação racial que testemunhara, com assentos e desembarques separados para brancos nos aviões, ausência total de negros em qualquer reunião de negócios, entre outros absurdos oficializados pela terrível política de segregação. Felizmente, pude relatar a ele minha experiência, bem mais positiva, em um país que, mesmo tendo ainda muito para melhorar em integração racial e organização social, realizou um avanço significativo desde os sombrios anos 1970.

Sobre os perpetradores do *apartheid*, não vale a pena tecer muitos comentários, e resta-nos esperar que permaneçam na latrina pestilenta da história, destino de líderes desumanos, racistas e fascistas, tanto do passado como do presente.

O arcebispo Desmond Tutu faleceu na Cidade do Cabo, aos 90 anos, um dia após o Natal de 2021. Com a morte do líder espiritual e político da África do Sul, o país dava adeus a uma geração de gigantes que deixou como herança um país cada vez mais livre da tirania e que forjou uma nova nação, como sonhavam Tutu e seu grande amigo tata (pai) Mandela.

Egito
Onde tudo começou

A noite caía em Heliópolis, bairro da capital do Egito, no que seria apenas uma breve escala em minha viagem para Abu Dhabi naquele dezembro de 2010. A mala estava pronta para, na manhã seguinte, juntar-me aos mais de 10 mil torcedores gaúchos que chegavam aos Emirados. Com o ingresso para a decisão na mão, a semifinal com os congoleses parecia uma mera formalidade rumo ao bicampeonato. O futebol, contudo, reservava uma desagradável surpresa para a torcida alvirrubra.

Quase 5 mil anos nos separam do auge da civilização egípcia. A atual nação, Misr em árabe, com sua cultura muçulmana e cóptica, tem identidade própria e atual. O Egito dos faraós, dos templos de Amon, Akenaton, das pirâmides e do Vale dos Reis, existe somente no que restou dos magníficos templos e das tumbas que são, literalmente, faraônicos. Como pode um povo tão antigo ter alcançado uma organização tão avançada?

Como um milagre da natureza, o vale mais fértil do mundo resplandece dentro do maior deserto do planeta. A abundante agricultura do delta do Nilo baseia-se nas enchentes anuais da região. No passado, essas cheias garantiam a condição de divindade aos faraós por seu suposto controle sobre as águas. A tecnologia assumiu hoje esse papel, e a Represa de Aswan, concluída em 1970, acabou de vez com as enchentes. Orações e sacrifícios ao caudaloso rio foram substituídos por bombas de irrigação e pela geração de energia hidrelétrica.

Sobre o delta, e alvo da ambição de romanos, cruzados, Alexandre Magno, Napoleão, Hitler e outros, o Cairo (El Qahira) é uma metrópole com 21 milhões de habitantes, ou um terço da população do país. Nele há inúmeros lugares que precisam ser vistos e vividos. Um olhar superficial sobre a capital dá a impressão de uma explosão urbana, com ruas lotadas, comércio caótico e um concerto absurdo de buzinas em um trânsito desordenado. De perto, a maior cidade da África é um organismo extremamente complexo e um espetáculo da cultura islâmica, em seu esplendor arquitetônico e cultural, enchendo os olhos e a alma, em especial para quem ousa fugir de roteiros turísticos tradicionais.

No campo religioso, monumentos e mesquitas tiveram melhor sorte do que os de outras capitais do mundo islâmico, como Bagdá e Damasco, ambas devastadas pelos mongóis. A maior mesquita do Cairo, Ibn Tulun, foi construída em 879. Sobre seu sereno pátio de 30 mil metros quadrados, estão seis mirabes, indicando a direção de Meca. A madraça (escola islâmica) e o mausoléu Sultão

Hasan foram construídos com as pedras que revestiam a pirâmide de Quéops e impressionam pelo gigantismo e pela decoração. Próximo dali o mármore da Mesquita de Rifa'i guarda túmulos da antiga realeza egípcia, incluindo o último rei, Farouk, e, para minha surpresa, seu cunhado e último monarca (xá) do Irã, Mohammad Reza Pahlavi. O Museu Egípcio é um dos maiores tesouros da humanidade. Caminho até ele atravessando a Praça Tahrir, onde já havia indícios da movimentação popular que, dias depois, culminaria na Revolução Egípcia de 2011, tendo a praça como seu maior símbolo. No enorme museu, a relativa falta de organização e difícil orientação não diminuem em nada a impressionante concentração arqueológica e histórica. Além das incontáveis múmias e monumentais estátuas, dois setores do museu me marcaram de modo especial: o destinado a Akenaton, faraó que introduziu o monoteísmo (deus sol) na história humana; e o mais popular deles, destinado aos tesouros do túmulo de Tutancâmon. Nesse último, entre milhares de objetos e amuletos, estão os famosos sarcófagos e a incrível máscara funeral do jovem faraó, com 4 kg de ouro puro, incrustada com pedras de quartzo e lápis-lazúli.

Antes de prosseguir no relato sobre o Cairo, faço uma pausa para retomar o drama causado pela equipe futebolística do antigo Zaire. Terminada a partida, enquanto o talentoso e folclórico goleiro Kidiaba fazia sua coreografia sobre o gramado, eu já estava ao telefone com a companhia aérea Egyptair para alterar meu próximo destino. Em vez de Abu Dhabi, partiria para a espetacular Luxor, que estava fora do roteiro original. Ao menos por esse aspecto, sou de alguma forma grato ao atacante Kabangu e seus colegas de equipe.

A trinta minutos do Cairo, em Gizé, margem oeste do Nilo, comerciantes e guias recepcionam batalhões de turistas, ávidos por alcançar as grandes pirâmides. No caminho para a única maravilha restante do mundo antigo, sou interpelado pelo autointitulado prefeito da cidade. Mais adiante, encontro mais prefeitos que, no final de seus discursos de recepção, me oferecem quinquilharias, papiros "raros" e passeios de camelo.

Assédios comerciais à parte, é impossível não ficar estupefato diante dos três colossos de pedra, monumentos universais ao talento de antigos arquitetos, e homenagem, tanto quanto ao faraó que ali jazia, às gerações de trabalhadores (não eram escravos) que os construíram. Por mais que tenham sido saqueadas e mutiladas ao longo de milhares de anos, as pirâmides de Quéops, Quéfren e Miquerinos – pai, filho e neto – reinam com impassível grandeza no deserto há 46 séculos. Próximo dali a esfinge, com 80 metros de comprimento por 46 de altura, pequena perto das pirâmides, se agiganta quando admiramos suas feições e expressão. Usado no treinamento de artilharia durante a ocupação turca, o monumento perdeu não somente o nariz, mas também a barba que, como boa parte dos tesouros egípcios, hoje reside no Museu Britânico, em Londres.

A maior pirâmide, Quéops, foi erigida com 146 metros de altura e 230 metros de lado na base. Ignorando as teorias esotéricas sobre sua construção, acredita-se que foram necessárias 25 mil pessoas para empilhar os 2,3 milhões de blocos do monumento funerário, ao longo de cerca de 11 anos. Só consegui assimilar suas dimensões percorrendo o interior, em um árduo aclive por passagens longas e estreitas até a câmara do faraó, no centro da pirâmide. Ali resta somente a parte inferior do sarcófago, envolta por paredes altas de granito. Sugiro aos claustrofóbicos que evitem essa parte da visita.

A pirâmide central, de Quéfren, é apenas 3 metros mais baixa que a de seu pai e ainda exibe parte da cobertura em pedra calcária, fazendo dela a mais bonita das três. Miquerinos é bem menor, com 62 metros de altura. Outras pirâmides menores e estruturas subterrâneas, tumbas de parentes dos faraós, completam o magnífico complexo sepulcral.

Bem menos movimentada, a necrópole real de Sacara fica próxima a Mênfis, sede do poder da terceira dinastia dos faraós. A principal pirâmide, do faraó Djoser I, tem forma escalonada e serviu de inspiração para as pirâmides subsequentes. Ao lado, um corredor de pilares projetado pelo mesmo arquiteto, Imhotep, são as colunas de pedra mais antigas conhecidas pelo homem, provando que aquele complexo foi idealizado pensando na eternidade.

De volta ao Cairo, caminho pelas rampas íngremes que levam à Cidadela (El Al'a). Iniciada por Saladino em 1176 sobre uma colina de onde se avista toda a capital, teve várias mesquitas e museus agregados ao longo dos séculos. No caminho até lá, fico abismado com as cidades dos mortos, cemitérios construídos no período Mameluco (entre os séculos XIV e XVI), onde milhões de vivos fixaram residência, com ruas, casas e vida normal em meio a túmulos e monumentos funerários.

Termino a estada na capital com meu passatempo predileto, imerso no maior mercado público do Egito, o grande Bazar Khan El Khalili, fervilhante desde 1380.

Para pagar preços competitivos por produtos e serviços, é preciso estar preparado para negociar calorosamente. Para quem, como eu, se diverte com essas transações, locais assim são um paraíso. A barganha, aliás, é uma constante desde o momento em que se toca o solo egípcio. Táxis, lembranças, hotéis e até coisas mais simples, como uma garrafa de água ou um chocolate, precisam ser negociados. No Bazar, chega-se perto da agressão verbal, para logo em seguida atingir um relacionamento que beira o fraternal, geralmente mesclado ao assunto preferido dos nativos: o futebol. Egípcios deleitam-se falando sobre o futebol brasileiro e o fazem com conhecimento e paixão.

Satisfeito com minhas poucas aquisições e com os preços baixos, parti para meu próximo destino no Egito: a fabulosa cidade de Luxor.

LUXOR
O PASSADO À ESPREITA

Situada a 700 quilômetros ao sul do Cairo, Luxor possui um esplendor atemporal. Passados três milênios do apogeu de seu poder, a antiga capital do Baixo e Alto Egito ainda causa perplexidade e prostração até mesmo ao mais soberbo visitante. Construída na localidade conhecida pelo nome grego de *Thebes*, a sede do Novo Reino egípcio (1550-1070 a.C.) se divide em três centros principais de interesse, que pouco mudaram ao longo dos séculos. Pórticos grandiosos, colunas monumentais e obeliscos que apontam para os céus dominam a paisagem nos templos de Luxor e Karnak, sobre a margem leste do Nilo. Atravessando o rio, os imponentes monumentos e as necrópoles, que guardavam soberanos, nobres e seus tesouros, formam os sítios arqueológicos de Tebas.

No coração da cidade, o Templo de Luxor foi construído por Amenhotep III em 1380 a.c. e expandido por Ramessés II, que construiu seu enorme pórtico com 65 metros de largura. Restam três das seis grandes estátuas do monarca, bem como um dos obeliscos que guardavam a entrada do templo. Seu gêmeo granítico foi presenteado aos franceses em 1819 e eleva-se hoje na Praça da Concórdia, em Paris. As dezenas de colunas de Amenhotep III impressionam pela altura e pela flor de lótus no topo. Vários santuários e extensões foram construídos ao longo de seu passado faraônico, romano, cóptico e islâmico. Em um deles, vemos Alexandre Magno, em baixo-relevo, vestido como um faraó ao lado do deus Amun. Uma mesquita, construída pelo califado fatímida em 1077, fica 20 metros acima do nível do templo, comprovando a profundidade das escavações que foram necessárias para revelar esses tesouros arqueológicos.

A admiração causada pelo Templo de Luxor é inevitavelmente multiplicada a menos de três quilômetros dali. O imenso Templo de Karnak representa o ápice da arquitetura faraônica, por suas dimensões e seus detalhes. São necessárias várias horas para explorar os mais de 20 mil metros quadrados de monumentos, santuários e centenas de colunas dedicados ao deus sol, cerne da primeira cultura monoteísta conhecida. Após toda a manhã e parte da tarde caminhando pelo complexo, ainda retornei à noite para assistir ao incrível show de som e luz que percorre essa floresta de arte e história. A Avenida das Esfinges, construída por Hatshepsut, decorava toda a extensão entre os templos de Karnak e Luxor, e 40 de suas esfinges com cabeça de carneiro resistem há 35 séculos na entrada do templo. A rainha enriqueceu a decoração do local com pedras trazidas de mais de 200 quilômetros dali, incluindo o maior obelisco do Egito, com 30 metros de altura em granito avermelhado. No centro de Luxor, um bem-organizado museu exibe outros exemplos da opulência dessa longínqua civilização.

Em meio à grandeza de monumentos e templos de Luxor e Tebas, repletos da riqueza histórica da civilização egípcia, nos sentimos muito pequenos. Caminhando entre as colunas magníficentes do Templo de Karnak, fiquei com a impressão de que não sou eu que estou ali observando um tempo remoto, mas de que é ele, o passado, que me observa atentamente.

⬈ TEBAS E O VALE DOS REIS

Rosetta (*Rashid*) é uma pequena cidade egípcia no encontro do Rio Nilo com o Mar Mediterrâneo, a 65 quilômetros de Alexandria. A cidade teve seu nome eternizado quando, em 1799, soldados de Napoleão se depararam com um fragmento de pedra que seria usado para expandir uma fortaleza local. As inscrições gravadas na escura rocha ígnea vinda do Alto Egito se tornariam a chave para decifrar o alfabeto hieroglífico e entender a cultura e os hábitos do tempo dos faraós. Um trecho referente à coroação e aos títulos do Faraó Ptolomeu V estava ali, repetido em três línguas: demótico (a língua comum), grego antigo (língua da corte) e em hieróglifos (língua sagrada). Com base neles, o egiptólogo francês Jean-François Champollion conseguiu decodificar o alfabeto dos egípcios. A Pedra Rosetta, capturada pelos ingleses em 1801, pode ser admirada hoje no Museu Britânico, em Londres, onde figura como um de seus objetos mais populares. Essa ponte de compreensão permitiu entender registros deixados há 5 milênios, desvendando muitos mistérios que rondavam o surpreendente Vale dos Reis, em Tebas ocidental. Obcecados com a preparação para a eternidade, faraós do Novo Reino e sua elite de adoradores do deus sol construíram tumbas secretas nesse isolado desfiladeiro a 5 quilômetros da margem do grande rio, gerando quiçá a mais ricamente decorada necrópole da história. A preocupação com o segredo e a inviolabilidade das tumbas, contudo, não foi suficiente para evitar que, ao longo dos séculos, ladrões e arqueólogos levassem consigo boa parte das antiguidades ali guardadas. Ainda assim, a Cidade dos Mortos permanece inigualável como coleção da magnífica arte funerária egípcia. As tumbas subterrâneas dos faraós, além de tesouros, contêm passagens secretas e armadilhas astutas e eram combinadas com grandiosos templos mortuários na região próxima à margem do Nilo, onde os monarcas seriam venerados pela eternidade.

O Vale dos Reis pode ser percorrido tranquilamente a pé. Nem todas as mais de 60 tumbas estão abertas ao público; as mais famosas, porém, podem ser visitadas, como as de Ramessés IX, seu avô Ramessés IV, Thutmosis III, Amenhotep II e, é claro, do rei menino Tutancâmon. Além dos sarcófagos, paredes e tetos preservam uma rica decoração que conta a história dos faraós e registra os textos de *O livro dos mortos* e *O livro dos destinos*. Tutancâmon, que reinou por apenas dois anos, tem uma das menores tumbas, porém muito bem preservada, por só ter sido descoberta em 1922. Para que seja visitada devidamente, Tebas requer pelo menos três dias e um certo planejamento. Percorri todos os templos mortuários de bicicleta, alugada na margem ocidental do Nilo. Foi a forma ideal de passar o tempo que eu queria em cada um, e encontrá-los praticamente sem turistas. Nas paredes, portais e colunas das milenares construções, hieróglifos e desenhos narram glórias militares e o reinado de cada faraó. Os mais impressionantes são os de Hatshepsut, Ramessés III e Ramessés II. O último, conhecido como *Ramesseum*, tem grandiosidade comparável somente à dos templos de Karnak e Luxor. O Colosso de Ramessés, estátua de 17 metros do soberano, está ali aos pedaços e, mesmo assim, confere a dimensão da megalomania faraônica.

Percorrendo o Templo de Ramessés II, observo nos hieróglifos o nome do faraó repetido centenas de vezes. Na incerteza do que somos, que nos acompanha até a morte, e na impossibilidade de prolongar a vida, queremos ao menos ser lembrados. Os egípcios acreditavam que a cada vez que alguém pronunciasse um nome, um sopro de vida era concedido aos que tinham partido. "Se o nome de uma pessoa for dito, ela está viva", diziam. Pensando bem, de alguma forma buscamos fazer o mesmo quando homenageamos antepassados e pessoas amadas que nos deixaram. Carregamos, por exemplo, o nome de nossos pais e, eventualmente, servimos como lembrança de seu exemplo e legado. O fato de uma vida plena e marcante ampliar-se no coração e na mente dos que nos sucedem é algo que, visivelmente, os antigos egípcios já conheciam.

OMÃ
UMA ORAÇÃO AO SILÊNCIO

Meu café da manhã em Mascate foi antes de o sol nascer. Era o mês do Ramadã, período entre luas crescentes de jejum ritual e reflexão para os muçulmanos. Embora cristão, achei por bem seguir essa tradição local de abstinência, entre a alvorada e o entardecer. Pelas ruas da capital não havia muita gente, e em vários lugares que visitei, eu estava completamente sozinho. Caminhando pelos imensos e floridos jardins da Mesquita Sultão Qaboos, a maior do Sultanato de Omã, o silêncio parecia inundar as 300 mil toneladas de suas paredes e colunas areníticas. Na principal Musalla, ou sala de oração, construída para acolher até 7 mil pessoas, escuto meus pés descalços sobre os 4.300 metros quadrados e 21 toneladas do maior tapete decorado do mundo, feito em peça única que levou 4 anos para ser concluída.

William Shakespeare, na comédia *Muito barulho por nada*, escreveu que "o silêncio é o mais perfeito emissário da alegria". Se estivermos no estado de espírito adequado, a quietude nos abre para o mundo. Durante a pandemia de 2020, vendo as imagens vazias de ruas e praças outrora lotadas, fiquei com a impressão de que o tempo estava parcialmente suspenso, com as lembranças, música de fundo do presente, nos recordando como e com quem chegamos até aqui.

Omã é uma nação de 4,6 milhões de habitantes. Sendo uma monarquia absoluta, a autoridade do sultão é inviolável, e, desde 1744, o poder está nas mãos da dinastia Said. O sultão Qaboos Bin Said, que faleceu no início de 2020, assumiu o poder em 1970 e modernizou o sultanato, fazendo-o crescer mais do que qualquer outro país árabe. Seu primo e sucessor, Haitham Bin Said, é quem hoje comanda o Estado independente mais antigo do mundo árabe, que, como o Catar, é um dos mais liberais, ainda que seja regido pela lei islâmica, a *Sharia*.

Mascate esteve sob domínio português de 1508 até a tomada otomana, em 1648. Nas escarpas rochosas que circundam a cidade velha e o Palácio Real, os fortes de Al Mirani (do português "almirante") e Aljalali (originalmente Forte de São João) restaram como testemunhos da presença lusitana. Ao contrário da maior parte da desértica península arábica, o relevo do país é bastante diversificado, com montanhas que chegam a 3 mil metros de altura, flora abundante nos meses de verão e animais típicos da região, como o elegante órix.

Mutrah Souq é um dos mercados livres mais antigos do planeta e, como sempre, carrega história e vida própria por entre roupas, incensos de olíbano, joias e lembranças com o símbolo do país, a adaga curva (*khanjar*).

A população, em sua maioria, é muçulmana (75%), sendo 43% estrangeira, em que predomina indianos, mão de obra que construiu e constrói a rica nação. Os petrodólares gerados pela produção de 900 mil barris diários permitem que a população seja isenta de impostos e usufrua de bem-estar e de moderna infraestrutura. A condição digna faz de Omã um dos países mais seguros do mundo, livre de terrorismo e com criminalidade praticamente inexistente.

Mascate, naqueles dias escaldantes do Ramadã, proporcionou-me um renovado significado ao silêncio. Por vezes, o destino físico torna-se um caminho para pontos de chegada da mente e da alma; em outras vezes, a estrada palpável, ou quem nela encontramos, pode revelar-se como o verdadeiro destino, que nos transforma e dá sentido à nossa curta permanência. Afinal, para a espécie humana, em movimento e evolução constantes, objetivos alcançados precisam, invariavelmente, indicar-nos a próxima meta. Na narrativa do bardo inglês, as últimas palavras do príncipe Hamlet, à beira da morte, são: "O resto é silêncio", o sucessor invencível da existência. Felizmente, a reflexão taciturna não se traduz sempre em encerramento ou ausência, podendo constituir preparação e prenúncio para um tempo melhor.

Istambul
O portal para o Oriente

Quatro triunfais cavalos de bronze decoram a fachada da basílica bizantina de São Marcos, em Veneza. Durante a ocupação napoleônica da região, em 1797, as estátuas foram levadas pelos franceses para Paris e colocadas no cume do Arco do Triunfo do Carrossel. Após a queda de Napoleão, em 1815, a quadriga foi devolvida à Itália e, desde 1980, cópias estão no lado de fora enquanto as originais ocupam local de destaque no museu da principal igreja da "Sereníssima". As estátuas, contudo, não são venezianas. Como tantas outras obras de arte espalhadas pela Europa, elas contam um pouco da fascinante história de Constantinopla. Produzidas no século III para decorar o hipódromo da capital do império bizantino, foram saqueadas durante a Quarta Cruzada e levadas para Veneza, em 1204.

O estratégico Canal do Bósforo divide Istambul entre Europa e Ásia. É o único acesso marítimo ao Mar

Mediterrâneo para embarcações vindas do Mar Negro, incluindo as que partem dos únicos portos "quentes" da Rússia. A história da milenar cidade iniciou sete séculos antes de Cristo como Bizâncio, colônia grega fundada na margem europeia do canal. Tomada por Roma em 196 a.c., a cidade passou a ser a nova capital do império romano em 330, rebatizada pelo imperador Constantino como Constantinopla.

No século VI, no reino de Justiniano I, a cidade se tornou a maior do mundo ocidental, com cerca de 500 mil habitantes, e seguiu como sede do império bizantino até a chamada queda de Constantinopla, em 1453, seguindo posteriormente como capital do sultanato turco otomano, até 1923. O império otomano, que durou 470 anos, decorou a cidade com mesquitas, palácios, fontes e piscinas termais. Em seu auge de poder e riqueza artística, os domínios iam da Pérsia a Viena e do norte da África até o sul da Rússia. Solimão, o Magnífico (1520-1566), foi o sultão mais poderoso. No século XIX, os egípcios avançaram sobre Anatólia (península asiática da Turquia também conhecida como Ásia Menor), e os países dos Balcãs iniciaram a luta pela independência, com os russos ameaçando invadir pelo nordeste. Em 1911, Grécia e Bulgária se tornaram independentes, e a subsequente Primeira Guerra Mundial selou a divisão do império entre os aliados vencedores. Com a fundação da República da Turquia, em 1923, o herói nacional turco Mustafa Atatürk levou a capital para Ancara e mudou o nome de Constantinopla para Istambul.

Apesar de termos decorado na escola o ano da queda de Constantinopla, o declínio da cidade se iniciou bem antes, causado pela pressão dos países normandos a oeste e pelas Cruzadas, que sugaram recursos do império na sede pela dominação da Terra Santa. A Quarta Cruzada transformou o reino por algumas décadas em um império ocidental (católico romano), forçando a fuga do imperador bizantino no início do século XIII e dando origem a um vácuo de poder que alavancou a ascensão gradual do império otomano, culminando na tomada de Constantinopla por Maomé II, o Conquistador, em 29 de maio de 1453. Por vezes, lembramos o império bizantino por sua derrocada, esquecendo os 1.123 anos de arte, ciência e filosofia que deixaram marcas e nos influenciam até hoje.

Conflitos e turbulências geopolíticas precisam ser avaliados com uma perspectiva de longo prazo e, culturalmente, de forma ampla. Análises míopes levam a conclusões equivocadas. Quanto mais se sabe sobre as raízes e o comportamento dos povos, mais acertada, ainda que complexa, se torna qualquer avaliação. O surgimento e o ocaso de impérios e nações jamais se dá pontualmente ou de forma abrupta. Indícios surgem gradual e inequivocamente, resultando em ruptura ou renovação, dependendo da perspectiva.

Anos antes de conhecer Istambul, comprei de um camelô em Moscou um CD da Liturgia Divina de São João Crisóstomo, de Konstantin Shvedov (1886-1954). São João (347-407) foi arcebispo de Constantinopla e santificado nas igrejas ortodoxa, católica, anglicana e luterana. Brilhante escritor do início do cristianismo, foi aclamado doutor da Igreja pelos católicos. O coral soviético entoando a liturgia que é usada até hoje nas igrejas orientais ortodoxa e católica foi o fundo musical em minha mente quando do, em 2006, entrei pela primeira vez no magnífico templo que há muitos anos eu sonhava conhecer: Santa Sofia.

◥ DIVINA SABEDORIA

Istambul, anteriormente Bizâncio e Constantinopla, foi capital de dois vastos impérios e centro de arte e ciência por vários séculos. Hoje a cidade é o maior centro urbano da Turquia, com mais de 10 milhões de habitantes, e a única no mundo que se estende por dois continentes, separados pelo Bósforo. A parte europeia é ainda dividida pelo estuário do Chifre Dourado, que demarca Istambul antiga, ao sul, e os novos setores de Galata e Beyoglu, ao norte. Istambul precisa ser apreciada com um mínimo de conhecimento histórico, sob o risco de se perder parte importante do seu fascínio e significado. Do sarcófago de Alexandre, o Grande, no Museu Arqueológico, passando por ricos templos, luxuosos palácios e pitorescos bazares, poucas cidades no mundo me causaram tamanho encantamento.

Monumento arquitetônico mais extenso da cidade, o Palácio de Topkapi é um complexo murado de 700 mil metros quadrados cujos jardins, pavilhões, mesquitas, fontes e vasto harém serviram de residência para os sultões de 1459 a 1839. Além dele, há muitos lugares imperdíveis para vivenciar em Istambul. O imenso Bazar Coberto, labirinto com mais de 5 mil lojas que requer mais de um dia e um bom mapa para ser visitado, é uma aventura por si só e um tesouro de antiguidades, tapetes, ouro, prata, porcelana, além de oferecer uma oportunidade única de aplicação prática de técnicas de negociação.

As mesquitas de Solimão (1557) e de Ahmet (Mesquita Azul, 1616) impressionam pelas dimensões, opulência artística e significado religioso. Para mim, contudo, nada se compara ao esplendor e à rica história da basílica e hoje Mesquita de Santa Sofia, concebida originalmente com o nome de Igreja da Divina Sabedoria de Deus. Ao entrar pela imensa porta imperial, que na era bizantina só podia ser usada pelos imperadores, percorre-se uma travessia histórica e cultural pelos últimos 15 séculos.

Construída por Constantino em 325 para ser a catedral de Constantinopla, Santa Sofia[1] foi destruída algumas vezes nos primeiros dois séculos por incêndios e conflitos. Sua concepção atual tem 1.500 anos, projetada pelos cientistas gregos Antêmio de Trales e Isidoro de Mileto e construída por 10 mil pessoas em apenas cinco anos. Por mais de dez séculos, foi a maior catedral do mundo, com nave principal de 77 metros de comprimento, 71 metros de largura e cúpula de 56 metros de altura decorada por reluzentes mosaicos e sustentada por quatro vastas colunas de granito. Os painéis de mármore nas paredes foram trazidos da vizinha Marmara, ilha que deu origem à palavra "mármore" e ao Mar de Marmara, entre o Bósforo e o Mar Mediterrâneo. Foi em Santa Sofia que, em 1054, aconteceu a excomunhão do patriarca Miguel I, determinando o Grande Cisma do Oriente que perdura até hoje.

Com a tomada dos turco otomanos, em 1453, minaretes foram adicionados e antigos mosaicos terminaram cobertos com gesso. Medalhões pendentes nas paredes da nave contêm os nomes de Maomé e dos primeiros califas do Islã. No início do século XX, os magníficos mosaicos bizantinos ressurgiram graças ao trabalho de restauração ordenado por Atatürk, em 1931. Desde 2020, por uma decisão

---

1 Do grego sophía, significa sabedoria.

polêmica muito contestada do governo de Recep Erdogan, o local deixou de ser um museu e voltou a ser uma mesquita. Riqueza artística e arquitetônica à parte, Santa Sofia é um livro aberto de história, lutas e conquistas. Lugares ímpares como essa antiga basílica exalam a alma de povos e culturas que ali depositaram sofrimento, súplica, esperança e glória, de alguma forma personificados em São João Crisóstomo, que ali pregou e escreveu homilias, tratados e liturgias. A propósito, sobre o santo de diferentes denominações religiosas orientais e ocidentais, cito aqui uma curiosidade pessoal: estive em três igrejas que alegam conter o crânio de João Crisóstomo, em Florença, Pisa e, a mais provável delas, a Catedral de Cristo Salvador, em Moscou. Nada mais justo que um homem tão prolífico, conhecido no século IV como "boca de ouro", pela eloquência e espiritualidade, tenha tido, virtualmente, múltiplos cérebros.

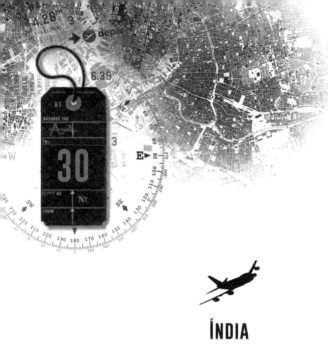

ÍNDIA
Complexidade e fascínio

A Índia, assim como a China, é uma nação extremamente complexa, que parece sempre impossível decifrar. Ao longo de quase 20 anos, visitei o país em 37 oportunidades, de norte a sul e, embora compreenda algumas particularidades sobre a cultura, o povo, as religiões e os problemas do chamado subcontinente indiano, sinto que ainda estou muito longe de entendê-lo em um contexto mais abrangente. Além da acumulação de conhecimento e das tradições milenares, a civilização indiana foi impactada de forma contundente por choques culturais, causados por invasões, revoluções e cataclismos, que se somaram ao padrão existente e acabaram sendo igualmente definitivos.

É o caso, por exemplo, da influência de persas e muçulmanos, que, entre tantas outras coisas, produziu o mais famoso cartão-postal da Índia, o Taj Mahal, que fiz questão de visitar logo em minha primeira visita, em 2001. Saí cedinho de Delhi em um domingo, a bordo de uma van, com destino a Agra, a sudeste da capital. Após uma trepidante viagem de 4 horas, o primeiro impacto na antiga capital do império mogol se deu ao encontrar milhares de macacos, que estão por toda parte: sobre os carros que param no semáforo, nos telhados, nas calçadas, ou circulando naturalmente em meio à população. Da caótica Agra, chega-se à região do Taj Mahal, um oásis de limpeza e organização. Veículos a combustão não são permitidos nos arredores dos templos, e o cuidado com toda a área é notável. Até hoje, é o local mais mágico que visitei na Índia, por sua história, beleza e pela aura romântica em torno de sua concepção.

O complexo do Taj Mahal é resultado de uma fusão cultural indo-islâmica, iniciada com a dominação muçulmana no norte da Índia a partir do século XIII. Erguido entre 1632 e 1653 pelo imperador Shah Jahan para sua amada esposa, Mumtaz Mahal, o mausoléu, com o tempo, sublimou sua condição de simples túmulo. Hoje, representa uma joia da arquitetura mundial e, para quem conhece um pouco mais de sua história, um templo ao amor. O escritor britânico Rudyard Kipling o descreveu como um portão pelo qual todos os sonhos bons passam. O poeta indiano Tagore o resumiu, de forma ainda mais poética, como uma lágrima no rosto do tempo.

O luxo do mausoléu dá uma ideia da importância do império mogol, que ia bem além da Índia atual. Seu primeiro grande imperador, Babur, tinha origem turca e mongol. "Mogol", aliás, é o termo persa para "mongol". Ele unificou a Índia, que era até então um mosaico de reinos hindus e muçulmanos. Respeitando a cultura hindu, Babur conquistou todos esses reinos e, como seu antepassado Gengis Khan, permitiu que as tradições locais fossem mantidas, formando assim um império muito respeitado. Algumas gerações mais tarde, um de seus descendentes, Khurram, assumiu o poder e, seguindo a tradição, recebeu um novo nome: Shah Jahan, que significa "o imperador do mundo". Na época, seus domínios tinham 130 milhões de súditos, o maior do mundo, com 30% do PIB mundial. Seu poder era expresso, principalmente, pela arquitetura, com a construção de jardins, palácios e cidades inteiras por toda a Índia.

Embora a imagem popular do Taj Mahal seja a de uma construção branca, de perto se pode admirar as inscrições do Corão e os coloridos desenhos, feitos com 40 tipos de pedras semipreciosas encravadas nos blocos de mármore. No núcleo do monumento principal estão dois túmulos, onde jazem, lado a lado, Mumtaz e Shah Jahan. Por mais que a mensagem que tenha permanecido seja a de um amor eterno, é preciso dizer que Shah Jahan era viciado em ópio, álcool e nas mais de 300 mulheres do harém imperial. No fim da vida, acabou aprisionado pelo seu próprio filho, que matou três irmãos na luta pelo poder. Como consolo, de sua cela no alto do Forte de Agra, ele podia avistar o Taj Mahal. Ali morreu, em 1666, aos 73 anos de idade.

O novo e fratricida imperador, Aurangzeb, coibiu as drogas, o álcool e, infelizmente, não tinha o mesmo gosto do pai pela arquitetura e pela arte. Nas décadas seguintes, o império foi se desintegrando. O último imperador mogol, Bahadur Shah II, foi exilado em 1858 pelos britânicos na Birmânia, hoje Mianmar, onde morreu quatro anos depois.

◪ O PAI DA NAÇÃO

Em 1869, durante a dominação britânica, nasceu no estado de Gujarat um indiano tão franzino quanto famoso. A família de Mohandas Karamchand Gandhi, de casta ligada ao comércio e com recursos, o enviou a Londres, onde se formou em Direito. Trabalhou então na África do Sul, onde concebeu sua política inovadora de protesto, a resistência pacífica, ou *Satyagraha*.[1] Voltou à Índia aos 46 anos e foi apelidado pelo poeta Tagore de Mahatma (grande alma). Sua humildade e seu espírito magnânimo, voltados ao mesmo tempo à ação, foram chave para expulsar o poderoso império britânico da Índia, em 1947. Os britânicos, que levaram a Índia de 30% para menos de 5% do PIB mundial, antes de se retirarem, ainda deixaram mais uma ferida ao dividirem o país, criando Paquistão e Bangladesh, provocando um banho de sangue entre muçulmanos e hindus, cujas sequelas não foram até hoje atenuadas.

Mahatma Gandhi, famoso também por seu estilo de vida frugal e, ao mesmo tempo, regido por uma moral rígida, dizia coisas como: "Se eu precisar de 5 bananas para sobreviver, comer uma sexta é uma forma de roubo", ou "Se eu preciso de uma camisa para viver, ter uma segunda camisa é o mesmo que tirá-la de alguém". Sua forma pacífica e gentil de protesto, aliada a uma inteligente estratégia, acabou imitada em muitos movimentos posteriores, como o dos direitos civis nos Estados Unidos, de Martin Luther King, e o dos funcionários de estaleiros poloneses do *Solidariedade*, de Lech Walesa. A grande lição política

---

1 Satyagraha vem do sânscrito: satya = amor e verdade; agraha = firmeza e força.

do século XX foi exatamente esta, a de mostrar a força da união de povos humildes e oprimidos.

Seis meses após a independência da Índia, pela qual Gandhi tanto lutou, um hindu fundamentalista, que considerava Mahatma complacente com os muçulmanos e culpado pela divisão do país, o fulminou com três tiros. No Memorial de Gandhi, sobre a pedra que marca o local de sua cremação em Delhi, estão inscritos o que ele chamou de sete pecados sociais: "Política sem princípios, riqueza sem trabalho, prazer sem consciência, conhecimento sem caráter, comércio sem moralidade, ciência sem humanidade e religião sem sacrifício". Muitos anos mais tarde, uma imagem do Papa João Paulo II, com a mão na pedra e o olhar pensativo, me pareceu representar a necessária e utópica união entre religiões e povos, com o líder maior do povo judaico-cristão reverenciando aquele que conseguiu unir, em circunstâncias extremas, hindus e muçulmanos.

◥ INDECIFRÁVEL E BELA

Meus filhos nasceram e cresceram em países desenvolvidos, por isso procuro sempre mostrar que existem muitos lugares onde crianças como eles vivem em pobreza extrema. Visitamos alguns desses lugares juntos, na África e na América Latina, e sempre falei muito sobre a Índia, onde milhões de crianças dependem de ajuda material, cuidados e carinho de voluntários e assistentes sociais.

Partindo para uma viagem à Índia, fui surpreendido por Beatrice, na época com 4 anos, que, ao se despedir, trouxe-me sua caixinha com as pequenas mesadas que recebe. Pediu-me que doasse todo o dinheiro para crianças pobres. Fiquei emocionado com aquele desprendimento e aquela solidariedade espontâneos. Ao chegar em Chennai, um colega indiano me indicou um orfanato local. Adicionei minha própria contribuição e passei para ele, que contou a história a outros colegas locais e aos ingleses que tinham viajado comigo naquela ocasião, o que provocou mais doações de dinheiro. Semanas depois, esse colega me enviou uma carta de agradecimento, escrita pelas crianças de um orfanato de Tamil Nadu e dirigida para Beatrice, relatando as peças de roupa e o material escolar que haviam sido comprados. Ela ficou muito surpresa e feliz, e eu tive certeza de que pequenos atos de bondade e empatia podem gerar uma reação em cadeia, transformando pequenos esforços em ações significativas.

Na Índia, sempre que possível, procuro conviver com a realidade da população, fora do ambiente asséptico e monótono de aeroportos, hotéis e compromissos profissionais ao qual viagens de trabalho acabam nos confinando. Assim, minha opinião sobre o país percorreu vários estágios, desde aquele causado pelo choque inicial com as vastas diferenças em costumes e hábitos até o de apreciar, com mais profundidade, a riqueza milenar das tradições, da história e diversidade. Parece que, quanto mais se procura entender a fascinante cultura indiana, mais indecifrável, subjetiva e bela ela lhe parece.

Do ponto de vista prático, constato, em cada passagem, que a maior democracia do mundo evolui, ainda que a passos lentos. Já não se veem tantas crianças, doentes e velhos abandonados como há 20 anos, e a qualidade de vida do povo segue melhorando consistentemente. Ainda

Embarque imediato

existem muitos problemas básicos e estruturais, mas esse país, com mais de seis vezes a população brasileira, avança, com a educação como prioridade e sem tentar soluções simples e truculentas para problemas complicados.

O mais admirável é ver em seu povo a habilidade de navegar constantemente em um oceano de complexidade. Um bilhão e meio de habitantes em uma área com menos da metade do Brasil, o tráfego caótico, centenas de idiomas, diversidade de religiões, hábitos alimentares, castas, conflitos e contrastes formam um atordoante emaranhado cultural. Ao mesmo tempo, pontos comuns parecem harmonizar essas relações, marcadas pelo respeito evidente aos mais velhos, à família, aos professores e a convidados. O país melhora sensivelmente a cada ano, de forma contundente e democrática, sendo hoje uma das nações com as maiores taxas de crescimento econômico, segundo dados do Banco Mundial.

A educação de qualidade, do Ensino Fundamental até o Superior, é encarada mais como um direito do que como um privilégio. Há ênfase especial nas áreas científica e tecnológica, com destaque para os famosos Institutos Indianos de Tecnologia (IITs), onde mais de um milhão de candidatos disputam as cerca de 10 mil vagas anuais. A Índia coloca foguetes no espaço, tem pesquisa nuclear de ponta e forma 1,5 milhão de engenheiros por ano, hoje com relativa boa colocação nos mercados doméstico e mundial.

Em empresas familiares, muitas delas de médio e grande porte, vi muitas vezes, em local de destaque, a foto dos fundadores ou dos pais dos proprietários em uma espécie de santuário, onde são saudados e reverenciados dezenas de vezes por dia.

O livro *Os indianos*, de Florência Costa, amiga dos tempos de Moscou e que também foi correspondente do jornal *O Globo* na Índia por seis anos, explica de forma magistral a realidade indiana. Em suas palavras: "A Índia é tudo aquilo que um turista vê, mas também o seu oposto. Os contrastes estão a cada esquina. O país é espiritual e material; pacífico e violento; rico e pobre; antigo e moderno. Cultiva a democracia, mas mantém as castas. Criou o Kama Sutra, mas veta beijos nos filmes de Bollywood (A Hollywood de Bombaim). Há indianos encantadores de cobra – ainda que a atividade seja proibida – e engenheiros de software. É perigoso generalizar sobre um país com mais de um bilhão de pessoas, divididas em milhares de castas, com sete religiões e mais de 20 línguas oficiais. Então, como conhecer esse povo que fascina tanto o Ocidente? Partir de sua história é essencial, desde a primeira civilização, que surgiu naquelas terras há 5 mil anos, até a recente independência, incluindo a relação com os vizinhos China e Paquistão e a explosão tecnológica dos dias de hoje".

PARALELOS ENTRE ÍNDIA E BRASIL

Uma das primeiras influências da Índia sobre o Brasil ocorreu no final do século XVII, quando a princesa portuguesa Catarina de Bragança se casou com o Rei Carlos II, da Inglaterra. O dote foi pago pela coroa portuguesa, com a ajuda de vários traficantes de escravos lusos e brasileiros. Além de vasta quantia em dinheiro e da cidade marroquina de Tânger, os bens transferidos à coroa britânica incluíram também uma importante possessão na costa da Índia:

Bombaim, hoje Mumbai. O casamento traçaria parte do destino dos três países envolvidos. Catarina levou para a Grã-Bretanha o hábito indiano de beber chá. Com isso, ajudou a alavancar o consumo de açúcar nas ilhas britânicas, que, graças ao trabalho de milhões de escravos no Brasil, havia então se tornado acessível à população europeia.

O Brasil é comparável à Índia em alguns aspectos, quase todos relacionados à pobreza, à desigualdade e ao subdesenvolvimento. As duas nações, mais Rússia, China e África do Sul, são colocadas artificialmente na pseudofamília geopolítica dos BRICS. A realidade é que, além de a cultura e a mentalidade serem completamente diferentes, no que se refere ao indivíduo e às soluções de problemas, não há padrão de comparação significativo, e nessas características a Índia leva acelerada vantagem. Apesar de o governo central oscilar entre diferentes ideologias e tendências, o parlamento indiano mantém intocadas iniciativas básicas de promoção do desenvolvimento, que estão oportunizando um futuro promissor, com visão de longo prazo e respeito às normas e aos padrões mundiais. E para ficarmos apenas nesse último exemplo, infelizmente, esse não é o caso do Brasil.

O Tamil, idioma do sul da Índia, é uma das 23 línguas nacionais entre as centenas faladas no país e de onde veio uma expressão usada hoje internacionalmente. "Pária" (*paraiyar*) se referia a uma casta de percussionistas que, por tocarem no couro dos tambores, eram considerados impuros. O termo, adotado pelos ingleses, tornou-se uma forma depreciativa de se referir a pessoas, grupos ou países que se tornam inconfiáveis e desprezados na comunidade internacional, por envolverem práticas e posições políticas que andam na contramão das normas e do bom senso.

O Brasil precisa ficar atento. O isolamento geográfico da América do Sul nunca nos ajudou. Além disso, mais recentemente, em todos os lugares que visitei, pude ir compreendendo como o Brasil está construindo o próprio isolamento devido aos posicionamentos geopolíticos no governo que assumiu em 2019. Assume, assim, uma indesejável condição de pária em questões humanísticas, de políticas públicas, de cidadania e, especialmente, ambientais. A situação ambiental, em particular, ao se considerar o ritmo atual, produzirá efeitos catastróficos para as próximas gerações. Não há mais como justificar desmatamento e poluição em nome de ilusórios e ilegítimos discursos sobre progresso e soberania. O esforço, obviamente, não deve estar focado só na Amazônia. A Europa, por exemplo, nos últimos 15 anos, reflorestou uma área do tamanho de Portugal, enquanto o Brasil elimina mais que essa área de florestas a cada dois anos, segundo dados do Fórum Econômico Mundial. Países europeus voltaram a ter, em média, porcentagens de florestas em seus territórios semelhantes aos números brasileiros, com os países escandinavos chegando a ter mais de 70% de seus territórios cobertos por árvores, em áreas regulamentadas e ferrenhamente protegidas.

A imprensa internacional tem alertado, de maneira geral, para o aumento das queimadas e para a destruição da diversidade de fauna e flora no Pantanal e na Amazônia, expondo o problema como uma preocupação mundial. Além das questões ambientais, aparecem, cada vez mais, dados que dão conta da redução de incentivos à educação e à pesquisa acadêmica. Notícias dessa natureza são tão nocivas à reputação do país quanto as tradicionais informações a respeito da corrupção estatal e privada, sempre presentes nas manchetes internacionais, e que servem tristemente de subsídio à construção de nossa imagem externa.

Por essas razões, da Índia, seria razoável que nos ficasse, ao menos, o exemplo de que avanço econômico, desenvolvimento humano e respeito internacional requerem soluções de longo prazo, como educação de qualidade em todos os níveis, investimento vigoroso em investigação científica e tecnológica, garantia de dignidade à população mais pobre e políticas perenes de diminuição da desigualdade social. Em todos esses aspectos, infelizmente, nós, brasileiros, estamos perdendo, e de goleada.

Japão
O SOL NASCENTE DA SABEDORIA

 Quioto
A CAPITAL DE MIL ANOS

Entrei correndo na estação ferroviária de Nagoia, vindo diretamente da última reunião da semana e com poucos minutos para encontrar a plataforma onde embarcaria no shinkansen (trem-bala) que, eu bem sabia, não atrasaria nem um segundo. Finalmente em meu assento, afrouxei a gravata enquanto, bastante ofegante, suava profusamente graças ao exercício forçado e ao verão quente e úmido dos vales de Honshu, a principal ilha do Japão. Gentilmente, um nativo ao meu lado me alcançou uma pequena toalha e colocou uma garrafa de água sobre minha mesinha, perguntando se eu estava bem. Meu destino era Quioto, 130 quilômetros mais a oeste e a 450 quilômetros da capital, Tóquio. Aquele gentil senhor, apesar de não falar bem inglês, forneceu ótimas dicas sobre essa antiga capital japonesa e, mais que tudo, transmitiu a gentileza e o cuidado que tão bem caracterizam a cultura nipônica.

Quioto foi a sede de imperadores e xoguns (ditadores militares apontados pelo monarca) do país do sol nascente por 11 séculos, desde a fundação da cidade em 794 até a transferência da corte para Tóquio, em 1869. A metrópole mistura arquitetura moderna, como o impressionante complexo da estação central, com locais tradicionais e antigos, a maioria deles ao longo da bela avenida central, Teramachi, onde elegantes policiais com suas luvas brancas organizam o trânsito de veículos e turistas que percorrem os vários templos budistas e xintoístas, assim como as outras construções ancestrais que fazem de Quioto a capital cultural do Japão.

O Palácio Ninomaru, no complexo do Castelo de Nijo, foi construído em 1603 pelo fundador do último xogunato (Tokugawa) e impressiona pela atenção aos detalhes. Em uma das dependências, a Sala do Rouxinol, o barulho que os passos provocam sobre o piso de madeira foi projetado para imitar o entoado pássaro. Além da melodia, era também um dispositivo de segurança para alertar sobre eventuais incautos que por ali passassem na calada da noite. Outra atração literalmente brilhante é o pavilhão dourado de Kinkaku-ji, construído no século XIV como residência para o Xogun Yoshimitsu e hoje transformado em templo zen-budista. Mais afastado do centro da cidade, o belíssimo Templo Kyiomizu-dera oferece uma vista espetacular do Vale de Kansai. Dezenas de outros templos, bem como o antigo Palácio Imperial, fazem da região um magnífico tesouro cultural.

Em 1997, foi assinado na cidade um tratado entre 192 países para a redução na emissão de gases causadores do efeito estufa, conhecido como Protocolo de Quioto. Levado mais a sério por alguns países do que por outros, foi uma forma de reconhecimento das constantes mudanças climáticas, cujas consequências catastróficas seguem provando a importância deste e de outros acordos ambientais, que oxalá sejam cumpridos de forma mais responsável daqui para frente.

O Japão convida à contemplação de belos lugares e paisagens. Além disso, somos compelidos a observar e aprender com muitos aspectos de sua cultura, por vezes difícil de ser entendida. A organização, o respeito, a devoção ao trabalho – em alguns casos exagerada – e a valorização da harmonia nas relações pessoais são frutos de várias tradições filosóficas e religiosas, mas também da necessidade de sobrevivência e desenvolvimento em um pequeno arquipélago com alta densidade populacional e seguidamente castigado por vulcões, terremotos e tufões.

A chamada cidade dos samurais, apesar de ter sido alvo de bombardeios durante a Segunda Guerra, foi uma das únicas no Japão a conservar uma parte significativa da arquitetura original. No final do conflito, os Estados Unidos consideraram lançar uma bomba atômica sobre Quioto. Além de densamente povoado, o local era o centro intelectual do Japão. Por insistência de Henry Stimson, secretário da Guerra nas administrações Roosevelt e Truman, o local que o americano conhecera em sua lua de mel acabou sendo retirado da lista de alvos potenciais. Como sabemos, as cidades de Hiroshima e Nagasaki não tiveram a mesma sorte.

◤ Singeleza, Moderação e Prosperidade

Wabi-sabi (solidão e decaimento) é uma antiga filosofia zen-budista que inspira o estilo artístico e arquitetônico japonês, focado na simplicidade e na limitação de recursos. É uma forma de valorização da beleza da imperfeição e da efemeridade. O que é criado a partir dessa ideia é, em geral, muito simples e, mesmo assim, exala calma e reflexão, como nos pequenos templos, por vezes inacabados, nos rústicos vasos de cerâmica ou nas cercas de bambu que precisam ser substituídas a cada 5 anos. Essa característica influencia também a visão dos japoneses sobre a finitude da vida, os desencantos pessoais e o poder devastador das intempéries e, por vezes, da natureza humana.

Em 6 de agosto de 1945, às 8h15 da manhã no horário local, um bombardeiro americano B-29 lançou sobre Hiroshima a primeira bomba atômica usada em uma guerra, apelidada de "Menininho". O destino da cidade, uma entre vários possíveis alvos, foi selado pelas excelentes condições meteorológicas daquele dia na região. Conforme orientação técnica recebida de Robert Oppenheimer e de sua equipe de cientistas, a detonação ocorreu a 600 metros de altura, a fim de que a energia da fissão nuclear do núcleo de urânio, equivalente a 15 mil toneladas de TNT, causasse a maior destruição possível. A ciência, aplicada nesse caso de forma hedionda, devastou 13 quilômetros quadrados em um piscar de olhos. A explosão e os efeitos da radiação mataram quase 80 mil pessoas e arrasaram mais de 60% dos prédios da cidade.

O Japão, ainda assim, não se rendeu. Três dias depois, "Homem gordo", uma bomba de plutônio ainda mais potente, foi detonada sobre Nagasaki, elevando para quase 300 mil o número de vítimas civis dos ataques ordenados pelo presidente Harry Truman. O Japão, que antes dos ataques já estava bastante enfraquecido militarmente, assinou a rendição incondicional em 14 de agosto de 1945. O cenotáfio de Hiroshima, além dos nomes dos mortos pelos ataques, contém palavras que deixam bem claro: "que o erro jamais se repita". Em visita ao memorial de Hiroshima, em 2016, o presidente americano Barack Obama terminou seu discurso dizendo que os bombardeios não foram somente o ocaso dos ataques nucleares, mas também o início de um despertar moral.

Sempre fiquei intrigado com o que os japoneses, até hoje o único povo atacado por uma bomba nuclear, pensam sobre o massacre que as duas cidades sofreram. Conversando com vários deles, fiquei com a impressão de que, mais do que ressentimento e indignação, prevalece a ideia de ter sido uma oportunidade para refletir sobre o que o país possa ter feito para chegar àquele ponto. Talvez se refiram às ocupações japonesas anteriores em países vizinhos, sempre de forma cruel e impiedosa. No final, o que aprendemos com nossos problemas e dramas é a única coisa que podemos controlar. Independentemente de os cruéis ataques serem justificados ou não, o Japão é hoje uma nação mais unida, colaborativa e pacífica. A Cúpula da Bomba Atômica, ruína que permanece em Hiroshima como memorial, é também uma representação da filosofia *wabi-sabi*, que enxerga harmonia e reflexão na impermanência e nas falhas da essência humana.

Embarque imediato

***

Deixando o cenário do pesadelo nuclear, no retorno a Kobe, meu quarto no hotel não estava pronto e eu teria que esperar 30 minutos no saguão. Apesar de não ter demonstrado nenhum incômodo com o fato, que para mim era normal, notei a extrema apreensão da atendente e de seu supervisor na recepção. Como compensação, presentearam-me com um jantar em um restaurante especializado na famosa carne bovina local. A Carne de Kobe, de origem controlada pelo governo japonês, provém de uma das estirpes do gado Wagyu. Valorizada pelo sabor, maciez e pela "marmorização" da gordura, chega a valer 600 dólares por kg e só passou a ser exportada pelo Japão em 2012. Os animais são tratados com uma tradição quase ritualística que inclui massagens, cervejas e até chocolates misturados a uma dieta de grãos. O que parece uma regalia é, na verdade, uma forma de aumentar o apetite dos animais e maximizar a produção de gordura infiltrada nos suculentos filés. O sabor inigualável da carne, que derrete na boca, me deixou torcendo para que outra gafe hoteleira ocorresse durante a estada na cidade.

Um adjetivo japonês, *Shibui*, é usado para descrever algo ou alguém que envelhece com graça e, como um bom vinho, fica melhor ou mais sábio com a idade. É uma característica evidente na cultura nipônica, que valoriza a harmonia nas relações e procura amenizar eventuais conflitos. Sem dúvida, temos muito a aprender com o formidável povo do sol nascente.

Pequim, China
A capital celestial

Na década de 1980, Deng Xiaoping, o arquiteto da China moderna, iniciou uma gradual abertura à iniciativa privada e ao investimento estrangeiro. A intenção do secretário-geral do Partido Comunista Chinês, título oficial dos líderes supremos do governo, era expandir a economia e melhorar o padrão de vida no país. O plano resultou em monumental sucesso, se considerarmos a posição atual da China no cenário mundial. Logo no início, contudo, apareceram efeitos colaterais, como a corrupção estatal e privada, além de consequências sociais previsíveis em uma população sedenta de abertura política ainda maior.

Em 1989, a Praça da Paz Celestial (Tiananmen) se tornou o principal foco de protestos, inicialmente liderados por estudantes e cidadãos que haviam vivido no exterior. Declarada a Lei Marcial, o governo passou a adotar medidas extremas para arrefecer os ânimos de cerca de um milhão de chineses que, diariamente, tomavam a praça e seus arredores. Em meio ao conflito, que envolvia manobras militares, tiroteios e prisões, uma imagem tornou-se simbólica. Em 5 de junho daquele ano, uma fila de tanques de guerra deixava o local quando foi parada por um solitário e franzino indivíduo, em trajes simples e carregando sacolas de compras. As câmeras da rede de televisão CNN captaram a ação, que durou alguns minutos. O homem, que chegou a subir no tanque que liderava a frota, acabou sendo removido e até hoje não se sabe sua identidade ou seu destino. O total oficial de vítimas civis dos protestos foi de 200 pessoas, mas estimativas mais realistas falam em milhares de mortos. Um documento diplomático, vazado da embaixada britânica em Pequim, informou que seriam mais de 10 mil.

Em uma escaldante manhã de verão na capital chinesa, aquela imagem estava em minha mente enquanto aguardava para atravessar a larga Avenida Qianmen e entrar pelo Portão Sul em Tiananmen. A praça de 44 hectares, dominada na área central pelo Mausoléu do fundador da República Popular da China, Mao Tsé-Tung, contém ainda o Grande Salão do Povo (congresso chinês), o Museu Nacional e o portal da Paz Celestial, que dá nome ao local e é o principal acesso à Cidade Proibida, ao norte. Distraído com o trânsito frenético, senti de repente o que pareciam ser picadas de inseto na perna. Ao olhar para baixo, surpreendi-me com um sorridente menino de 3 ou 4 anos que, sem que a mãe percebesse, puxava meus pelos, característica relativamente excêntrica em um povo de pernas lisas. Devolvi o sorriso e fiquei mais uma vez com a lembrança de que, em países que costumamos chamar de exóticos, os exóticos somos nós.

Antigo palco do poder das dinastias Qing e Ming, o Museu do Palácio Imperial é o nome oficial da Cidade Proibida, construída em 1406 e que serviu de residência para 24 imperadores por cinco séculos. O portal de acesso está hoje encimado pela enorme imagem do presidente Mao. Intramuros só ficavam os membros da corte imperial, as concubinas e os serviçais, sendo que os funcionários homens eram quase todos eunucos. O complexo de palácios tem 980 construções e 8.707 aposentos, cobrindo uma área de 720 mil metros quadrados que ainda inclui belos e ricamente decorados jardins. Fotos e palavras não são suficientes para descrever a grandeza da Cidade Proibida, por isso volto sempre a Pequim, sabendo que encontrarei algo novo e surpreendente naquela fotografia da China imperial.

O massacre de Tiananmen é um tópico altamente sensível na China, tanto que, com Internet e notícias estritamente controladas, as novas gerações de chineses têm pouquíssimo conhecimento e consciência sobre os eventos de 1989. Há poucos dias, um dos últimos monumentos aos mortos nos protestos foi removido em Hong Kong, região da China com política, ao menos em teoria, mais liberal. Entre a hermética estrutura governamental de Pequim e o viés ideológico oposto das notícias ocidentais, o que acontece na China sempre deixa margem para especulação, com poucos fatos comprovados. Para entender melhor a realidade e o que pensam os chineses, resta-nos contar com a experiência *in loco* e com a intuição, respaldada por conversas francas com seus animados cidadãos.

⬈ A Grande Muralha

Centro político e cultural do vasto país, Pequim e seus 12 milhões de habitantes se apresentam também em todas as cores da tradição oriental, com dezenas de lugares de interesse, povo hospitaleiro e culinária muito saborosa. Sua história tem mais de 3 mil anos, 800 deles como capital da nação mais populosa do planeta. Além da Cidade Proibida, várias construções e monumentos estão enraizados nas tradições chinesas. O Templo do Céu, recheado de beleza e mistério, serve como referência fundamental da arquitetura do país, baseada na prática milenar do *feng shui*. O Palácio de Verão, com suas suaves montanhas e lagos, é outro local imperdível, assim como são os espetáculos da Ópera de Pequim.

Nos arredores da cidade, contudo, ficam os lugares que mais mexem com a imaginação e com nossos conceitos de dimensão e de capacidade humana para cristalizar sabedoria e técnica. A Grande Muralha é a edificação mais longa do planeta e abrange muito mais do que o nome sugere. Com quase 20 mil quilômetros de extensão, construída desde a unificação da China em 221 a.C. até chegar à chamada muralha moderna com a dinastia Ming (1368-1644), o complexo envolve defesa, comunicação e estratégia, abraçando os contornos do terreno e os picos das montanhas como uma serpente. De leste a oeste, os materiais utilizados eram locais, e as diferentes etnias chinesas criaram uma enorme variedade de tipos de pedra e técnicas construtivas. Torres de alojamento, de sinalização e de defesa foram construídas sobre a muralha, com fortalezas e passagens em locais estratégicos. A Grande Muralha há muito tempo cumpriu sua missão funcional e hoje permanece como preciosa testemunha histórica, com o valor artístico e arquitetônico de uma obra-prima da criatividade. Em minha primeira visita, a caminho da popular seção conhecida como Badaling, visitei as tumbas da dinastia Ming, 50 quilômetros ao norte da capital, onde belas construções, em uma área de 40 quilômetros quadrados entre as montanhas, guardam as tumbas de treze imperadores e suas esposas. Para evitar multidões de turistas e ter uma ideia mais detalhada da construção original, seções da muralha mais afastadas de Pequim são recomendadas. A região que mais me impressionou, e onde fui à exaustão subindo e descendo escadas e rampas, foi Jinshanling. Ali, há pouquíssimos estrangeiros e pude interagir bem mais com os locais, sempre entusiasmados com a presença de um forasteiro.

Sobre Pequim e a China, onde sempre estive em viagens de trabalho, não posso deixar de citar a rapidez do desenvolvimento, sem precedentes no mundo ocidental. Para dar uma ideia do ritmo galopante presente em várias regiões chinesas e, com patamar ainda mais impressionante, na sua maior metrópole, Xangai, a quantidade de concreto usada no país a cada três anos neste século corresponde à totalidade do concreto usado nos Estados Unidos em todo o século XX.

A pressão de outras nações sobre o governo de Pequim em questões de direitos humanos, trabalhistas e de discriminação étnica é válida e deve permanecer como saudável influência externa, mas países que temem ou combatem a China por pura ideologia estão fadados ao fracasso.

Embarque imediato

É fundamental entender e, na medida do possível, buscar alguma integração à realidade do crescimento e da influência cultural do país de Confúcio, que, ao que tudo indica, será a maior economia mundial até 2030.

No Brasil, ainda há discussões ingênuas e anacrônicas sobre ameaça de comunismo, teorias conspiratórias de dominação chinesa e outras fábulas que confundem princípios universais de solidariedade e justiça com algum prenúncio de radicalismo. São discussões que só beneficiam aqueles que, na luta por poder político e financeiro, se alimentam da divisão e do medo da população.

Os demais países asiáticos aprenderam a conviver simbioticamente com o gigante vizinho. Europa e Estados Unidos, por vezes, ameaçam a China por meio da imprensa ou da diplomacia. Por trás das aparências, porém, são países que mantêm suas engrenagens comerciais conectadas a pleno vapor com a nação comandada por Xi Jinping. Além disso, a presença chinesa em países africanos é irreversível, fruto de visão de longo prazo que enxerga grande potencial consumidor e de recursos naturais no continente. Espero que um país da relevância do Brasil não perca, mais uma vez, o trem da história, cuja locomotiva pelas próximas décadas será, predominantemente, *made in China*.

Xangai, China
A pérola da Ásia

Em Xangai, aguardando a hora de embarcar em um trem para Nanquim, observo o movimento de passageiros na vasta e moderna Estação Ferroviária de Hongqiao. Talvez induzido pelo significado alternativo da palavra "passageiro", penso no fato de que, em menos de um século, eu e todos naquele mar turbulento de humanos não faremos mais parte do mundo dos vivos.

Situada em uma região estratégica da costa leste chinesa, Xangai é cortada pelo Rio Huangpu, com o estuário do maior rio da Ásia, o Yangtzé, ao norte e a baía de Hangzhou ao sul. É a maior das megalópoles chinesas, com população metropolitana de mais de 40 milhões de habitantes e PIB superior ao brasileiro. Devido à estratégica localização, a cidade cresceu como polo de comércio e transporte, em especial após a derrota da China na atroz Guerra do Ópio, quando a fúria imperial britânica forçou a rendição de Xangai aos ciclos de ocupação francês, britânico e americano, abrindo a região ao comércio marítimo internacional. Hoje, o porto local é, de longe, o primeiro do mundo em movimentação de contêineres.

Mesmo tendo feito dezenas de visitas a Xangai nas últimas duas décadas, a cidade jamais deixou de me surpreender com seu frenético desenvolvimento e com a permanente vanguarda arquitetônica e tecnológica. Embora tenha inúmeros pontos de interesse cultural, como os Jardins Yu e o Templo do Buda de Jade, a área às margens do movimentado Rio Huangpu conhecida como Bund é seu maior cartão-postal. De um lado, o famoso perfil de construções do Distrito de Pudong, em constante e futurística transformação. Na margem oposta, a arquitetura colonial francesa e britânica, completando o visual imponente e único. No início do milênio, observei a vasta cidade do topo do prédio Jin Mao, o mais alto da cidade na época, com 430 metros. Nos anos seguintes, acompanhei o edifício ir se apequenando diante dos novos vizinhos. Atualmente, a aerodinâmica Torre de Xangai reina absoluta, com 632 metros de altura.

Apesar do período de fechamento pós-Revolução Maoista, a presença de outras culturas ao longo de séculos fez com que a metrópole assumisse um caráter cosmopolita. O distrito de Xuhui, no sudoeste da cidade, possui um centro missionário cristão desde o século XVII, com colégios, bibliotecas, observatório astronômico e construções erigidas pelos jesuítas. No início do século XX, judeus russos fugidos da revolução bolchevique encontraram refúgio em Xangai, formando uma comunidade judaica considerável. Com a abertura chinesa iniciada por Deng Xiaoping há 30 anos, proliferaram as oportunidades de negócio e a cidade soube se adaptar às várias nacionalidades que adotaram Xangai como local de residência e trabalho. Esse intercâmbio criou uma fascinante diversidade cultural na municipalidade chinesa, que tem seu próprio dialeto, o xangainês, e é administrada diretamente, sem fazer parte de uma das províncias do país. Imprescindíveis ao desenvolvimento econômico, os chineses não se esqueceram da educação e da ciência. Renomadas universidades fazem da cidade a quinta no mundo em produção de pesquisa científica.

Para garantir o transporte público na metrópole mais populosa do planeta, foi construída uma rede de trens urbanos de 644 quilômetros, além do trem comercial mais rápido da atualidade. Ligando o principal aeroporto da cidade ao centro de Xangai, o Maglev levita suave e silenciosamente sobre um campo magnético a uma velocidade de até 430 quilômetros por hora, sem rodas e sem tocar em trilhos.

Por trás do incansável crescimento, das linhas harmoniosas dos arranha-céus ultramodernos, das ruas e avenidas bem cuidadas e do povo munido com as últimas tecnologias, tento entrever o trabalho quase sempre pouco remunerado de quem construiu e constrói a "Pérola da Ásia", me perguntando se existe plena consciência do sacrifício individual de milhões de chineses em prol de ideais coletivos.

Voltando ao pensamento talvez um pouco mórbido que apareceu na movimentada estação de trens, a reflexão sobre nossa brevidade remete às prioridades que elegemos e ao imenso desperdício de momentos de raiva e ressentimento que por vezes guiam nossos atos e nossas decisões. Na interação com companheiros de jornada e com nossa própria individualidade, vale sempre ponderar sobre o impacto de palavras e ações, assim como considerar amiúde que legado queremos deixar aos próximos passageiros.

Sichuan, China
Abundância e pandas-gigantes

Ao entrar na Base de Pesquisa e Reprodução de Pandas de Chengdu, fiquei com a impressão de que um dos pandas-gigantes me mirava pensando: "De novo por aqui?" Era minha oitava visita ao local que salvou da extinção essa espécie que não era sequer conhecida no mundo ocidental até o final do século XIX. O convite para visitar a base vinha sempre depois de reuniões em empresas da região e nunca tive coragem de dizer não, diante do orgulho dos nativos da Província de Sichuan (ou Sujuão) de viverem na região que é o hábitat do animal símbolo da China para o mundo (dentro do país, o mítico dragão ocupa esse posto). Em uma das visitas, fazia tanto calor que todos os ursos estavam recolhidos em confortáveis galpões com ar-condicionado, música ambiente, zelosos tratadores e fartura de galhos e folhas de bambu, seu alimento favorito, enquanto pareciam entediados observando, através de amplos vidros, os curiosos humanos transpirando do lado de fora.

Há mais de cem animais no centro de pesquisa, o que representa 30% dos pandas cativos no país. Além desses, cerca de 1.500 vivem no ecossistema nativo, nas montanhas da província. Fora da China, há menos de 30 pandas-gigantes, cedidos a zoológicos pelo governo de Pequim. O esforço em recuperar essa população de ursos é notável. Há meio século, havia menos de 200, e o crescimento dos últimos anos fez com que a espécie fosse reclassificada de ameaçada para vulnerável. Apesar da aparência dócil e do comportamento brincalhão desses carnívoros vegetarianos, que chegam a ter dois metros de altura e têm somente humanos como predadores, eles se tornam muito agressivos quando se sentem ameaçados. Qualquer semelhança com o país que representam é mera coincidência, mas em um aspecto em particular chineses e pandas diferem completamente: a capacidade de reprodução. Em cativeiro, ursos machos perdem o interesse em copular. Cientistas da base de pesquisa usam subterfúgios extremos, como vídeos pornográficos de pandas, uso do medicamento sildenafil, conhecido comercialmente como Viagra, e inseminação artificial, que raramente tem sucesso. O período fértil das fêmeas na natureza é de 2 a 3 dias por ano e, ao darem à luz gêmeos, o que acontece em 50% dos partos, escolhem o mais forte e abandonam o outro filhote, já que só podem produzir leite suficiente para um deles. A participação familiar do macho se limita à reprodução, e após os breves encontros românticos ele deixa a fêmea e a futura prole à própria sorte. Como bem sabemos, alguns machos da espécie humana exibem comportamento idêntico.

Enquanto os pandas existem há milhões de anos na região de Sichuan, a concepção da nação chinesa começou há 40 séculos, próximo dali, na planície central banhada pelo Rio Amarelo e pelo maior rio da Ásia, o Yangtze. A bacia era seguidamente submetida a enchentes devastadoras, até que no século VII um engenhoso sistema de canais permitiu estabilidade e franco desenvolvimento ao império dos filhos de Han. A província, nutrida por essas artérias vitais, é conhecida como a terra da abundância, com solo fértil e rico em recursos naturais. O território tem uma área maior que a da Espanha e abriga 82 milhões de habitantes. A moderna e ao mesmo tempo tradicional capital, Chengdu, tem 12 milhões de pessoas, a sétima maior metrópole da China. O sistema de irrigação dos rios Min e Jin, que atravessam a cidade, foi construído três séculos antes de Cristo e é usado ainda hoje na agricultura e na prevenção de enchentes.

A sudoeste de Chengdu, no encontro dos rios Min e Dadu, afluentes do lendário Yangtze, ergueu-se uma monumental escultura do fundador do budismo, conhecida como o Grande Buda de Leshan. Idealizada por um monge para acalmar as águas que atormentavam embarcações no local, foi esculpida na falésia a partir do ano 723, durante a dinastia Tang. Com 71 metros de altura, era a maior estátua do mundo até o final do século XX. Ironicamente, a quantidade de rocha arenítica removida das altas encostas e depositada nos rios alterou as correntes, tornando o encontro fluvial mais navegável, exatamente como havia profetizado o religioso budista.

◥ CELEBRAÇÃO DE DIVERSIDADE E CULTURA

Era quase meia-noite em Chengdu. Eu trabalhava em meu quarto no vigésimo segundo andar do hotel quando senti o chão desaparecer. Levei alguns milissegundos para perceber que o prédio estava sendo sacudido. Na manhã seguinte, o funcionário na recepção me informou que era "apenas" mais uma das dezenas de réplicas sismológicas do terremoto que, dois meses antes, havia causado a morte de quase 90 mil pessoas, além de deixar 358 mil feridos e mais de 10 milhões desabrigados. O desastre natural de 12 de maio de 2008, que teve seu epicentro a 80 quilômetros da capital da província, ficou conhecido como o Grande Terremoto de Sichuan, com magnitude 8 na Escala Richter. Antes disso, minha última visita à cidade tinha acontecido em março do mesmo ano, o que me deu a impressão de ter driblado o infortúnio.

Outra espécie de abalo, bem menos mortífero, aguarda aqueles que quiserem se aventurar pela gastronomia de Sichuan, famosa no mundo todo e considerada a mais condimentada da China. A refeição mais popular e tradicional se chama "panela quente", também conhecida como *fondue* chinês, e consiste em um recipiente metálico contendo uma sopa fervente extremamente apimentada no centro da mesa e pratos com ingredientes crus ao redor. Cada conviva mergulha as carnes e vegetais que desejar no líquido em ebulição. No primeiro jantar, os ingredientes servidos eram relativamente normais e, com a ajuda de litros de água e do baijiu, uma aguardente de sorgo com 53% de teor alcoólico, consegui digerir o picante e saboroso jantar. Na noite seguinte, em outro restaurante, a história foi diferente. A carne menos exótica ali era estômago de pato. Apesar de estar com fome, aleguei falta de apetite e, ao ser deixado no hotel, aguardei que meus anfitriões fossem embora para ir a uma lanchonete de *fast food* na redondeza.

As tradições e a arte da região merecem destaque. Um aspecto cultural importante e que vale a pena assistir mais de uma vez é a Ópera de Sichuan, que inclui bela música, dançarinos talentosos e virtuosos atores que trocam suas máscaras coloridas com uma rapidez quase mágica. No aspecto religioso e filosófico, além do budismo, estão presentes milenares templos taoistas e muitos adeptos do confucionismo. A doutrina de Confúcio (Kung-Fu-Tzu), surgida cinco séculos antes de Cristo, influencia até hoje as relações e a cultura chinesa, definindo disciplina e moralidade como princípios básicos do indivíduo e do governo.

As montanhas a noroeste da província faziam parte do império do Tibete, que tinha Lhasa como capital, até a China incorporar a vasta região em 1951, fazendo com que tibetanos se tornassem uma parcela razoável do povo de Sichuan. Como os russos, os chineses, em especial a etnia Han, dos quais descendem 90% da população, expandiram seu território pela agressividade e pelos ataques, até atingirem barreiras naturais. Quando não encontravam obstáculos geográficos, como a Cordilheira do Himalaia, chineses construíam seus próprios limites. O mais famoso é a Grande Muralha, com mais de 20 mil quilômetros de extensão, que protegia a China dos temíveis mongóis. De certa forma, a expansão segue hoje no oceano, com imponentes bases militares de Pequim emergindo sobre aterros no Pacífico.

Como última curiosidade, em Sichuan encontrei os mosuos, uma das mais antigas sociedades matriarcais remanescentes no planeta. Cerca de 40 mil deles vivem às margens do Lago Lugu, na fronteira entre as províncias de Yunnan e Sichuan. Além da liderança das mulheres, e quem sabe por causa dela, o povoado da região destaca-se pela ausência de criminalidade. Ali não existem os papéis de pai ou marido, e nome de família e propriedade particular são passados de mãe para filha, com os homens realizando igualmente as atividades domésticas e agrícolas sob o comando feminino.

Para quem acha uma cultura matriarcal exótica, lembro que no Brasil o percentual de mulheres chefes de família cresceu mais de 200% nas últimas três décadas. Segundo o censo de 2015, são 29 milhões de núcleos familiares com a mãe no comando, e apenas um terço deles inclui um cônjuge. Infelizmente, um dos principais motivos do aumento é o desamparo provocado pelos ex-companheiros. A determinação dessas mulheres, raramente reconhecida, representa sem dúvida um dos principais sustentáculos no que ainda resta do tecido social brasileiro.

Xinjiang, China
Portal da Rota da Seda

Desembarquei em Urumqi, capital da região. Tendo entrado na China mais de 50 vezes nos últimos 20 anos, dessa vez causou-me estranhamento a quantidade de perguntas dos agentes de imigração. Por fim, um deles me pediu desculpas pela demora e me alertou que eu estava entrando numa região com risco permanente de conflitos.

Para não sacrificar o anfitrião que me levaria a uma empresa local, pedi que me buscasse no aeroporto às 7 horas e, insone, fiquei trabalhando na ampla área de desembarque. Passados poucos minutos, dois policiais me interpelaram, explicando que eu deveria sair do aeroporto imediatamente devido a uma ameaça de bomba. Apesar do inglês pobre da dupla de oficiais, a palavra "bomba" ficou bem clara e, rapidamente, me juntei a outros passageiros e funcionários que se congregavam sob a temperatura negativa dos arredores do aeródromo. O incidente, inicialmente amedrontador, acabou se revelando uma ótima oportunidade para conversar com alguns nativos, todos de origem uigur, o que me ajudou a entender melhor essa região remota com um povo peculiar no noroeste chinês.

Xinjiang, ou Sinquião, é uma subdivisão com *status* de província da República Popular da China, compreendendo uma área igual à do Amazonas. Da população de 25 milhões de habitantes, 45% são de etnia uigur, um povo de origem turca que ali vive desde a chegada de seus antepassados nômades, há mais de dois milênios, e que faz do território um lugar bastante diferente do restante do país de Confúcio. A região é considerada o portal da Rota da Seda, a rota comercial culturalmente mais importante de todos os tempos, cuja artéria principal levava seda e outros produtos a partir de Xiam, na China, até Bizâncio (rebatizada como Constantinopla e hoje Istambul, na Turquia). O território é dominado pelo Deserto do Taklamakan e pelas Montanhas do Himalaia, incluindo o K2, segundo pico mais alto do planeta, e tem fronteiras internacionais com Mongólia, Rússia, Cazaquistão, Quirguistão, Tajiquistão, Afeganistão, Paquistão e Índia.

Possivelmente como forma de diminuir a influência dos uigures, a região está recebendo hordas de imigrantes (quase dois milhões nos últimos 20 anos somente na capital Urumqi) da principal etnia do país, os Han chineses, que já somam 40% da população. O desejo separatista uigur, que quer formar o Turquestão Oriental, acirrou-se após o apoio chinês à invasão soviética no Afeganistão, quando Pequim enviou e armou majoritariamente uigures, alguns dos quais retornaram à Xinjiang utilizando práticas terroristas.

A capital Urumqi é a cidade com mais de um milhão de habitantes mais distante de qualquer oceano e, após a Segunda Guerra Mundial, se desenvolveu rapidamente, com uma indústria baseada em recursos minerais, especialmente o petróleo. No vibrante mercado público da cidade (Bazar Erdaoqiao), a amálgama de duas culturas riquíssimas forma uma cativante paisagem humana. Kashgar, um pouco mais ao sul, estava sobre a Rota da Seda e ainda tem 90% de sua população formada por uigures.

O governo americano, baseado em alegados campos de concentração para uigures e outros povos muçulmanos, declarou, no final de 2020, que a China estaria promovendo um genocídio na região. É difícil saber o que é real e o que é propaganda, de ambos os lados, e mais especialmente no que vinha da antiga Administração Trump. Contudo, como pude notar desde minha chegada, Xinjiang é evidentemente governada com rigor acima da média pela mão forte do Partido Comunista, que admite aplicar métodos sofisticados de vigilância e de "reeducação". Por mais que restrições e abusos sejam ocultados, os próximos anos dirão se as suspeitas são procedentes, visto que se torna cada vez mais difícil monitorar celulares e evitar vazamento de fotos e vídeos. Apesar das diferenças marcantes de etnia, religião, línguas e costumes, espero que a diversidade e a bela cultura uigur que testemunhei em Xinjiang possa voltar a conviver em relativa harmonia nessa lendária província chinesa.

Xiam
A glória sob a neblina do tempo

Em pleno final do século XX, enquanto vivíamos o advento da tecnologia de computadores e da comunicação global, um exército de poderosos soldados imperiais, portando armas afiadas e cobertos por coloridas armaduras, emergiu do subterrâneo chinês. Depois de 2.200 anos enterrados e desconhecidos, abriu-se na neblina do tempo o desejo de um homem, de perpetuar sua glória e seu domínio. Um dos fascínios da China está em sua história milenar, que segue sendo revelada e parece impossível de ser compreendida.

Qin Shi Huang viveu entre 259 a.C. e 210 a.C. e, nesse curto período, conseguiu, pela estratégia e pela força, agregar os sete antigos reinos chineses, tornando-se o primeiro imperador da China unificada. Colocado no trono aos 13 anos de idade, expandiu seu império com magistral estratégia militar, enquanto procurava incansavelmente

Embarque imediato

uma forma de eternizar-se. Logo aos 14 anos, iniciou a construção de seu inigualável mausoléu, a 42 quilômetros da magnífica cidade de Xiam, a primeira capital chinesa e considerada ponto de partida da Rota da Seda. Na época com mais de um milhão de habitantes, a cidade disputava com Roma o título de maior cidade do mundo, dois séculos antes do início da era cristã.

Tive a sorte de visitar Xiam em diversas oportunidades, pois ali está um dos braços da gigante AVIC, companhia estatal aeroespacial do país de Mao e fornecedora da empresa em que eu trabalhava. Lembro-me do desconforto que causei um dia ao estender uma reunião por alguns minutos, enquanto me pediam que deixássemos a empresa antes do final do expediente. Terminada a pauta, perguntei o porquê da pressa, e me levaram até a janela, de onde avistei o mar de bicicletas dos mais de 14 mil funcionários que tomavam todas as vias de saída do complexo. Em outra oportunidade, ao visitar uma parte do setor de manufatura destinado a equipamentos militares, caminhei pela fábrica com quatro funcionários que deslocavam tapumes ao meu redor para que eu não enxergasse o processo de produção. Tudo, é claro, de forma gentil, ainda que um pouco surreal.

Os 26 quilômetros de muralhas da antiga capital chinesa, um quadrilátero que protegia os palácios da subsequente dinastia Han (194 a.C.), podem ser percorridos a pé ou em bicicletas e são um testemunho da opulência das antigas dinastias chinesas. Além da riqueza, o comércio gerado pela rota da seda trouxe para a região diferentes culturas ao longo dos séculos. A religião muçulmana ainda é marcante nessa que é hoje a capital da província de Shaanxi, no centro-leste chinês. Mesquitas, templos budistas e mercados típicos misturam tradições e costumes, que representam uma atração a mais para a cidade.

Qin Shi Huang, o imperador-dragão, arquitetou uma rede de estradas que existe até hoje em todo o país, consolidou os mais de 5 mil quilômetros da Grande Muralha para conter os imbatíveis mongóis, uniformizou a moeda, a escrita e o sistema de pesos e medidas, estabelecendo em poucas décadas as fundações de um país que perduram há mais de 2 mil anos.

Enquanto isso, mais de 700 mil escravos seguiam construindo sua última morada, o mausoléu que levou 38 anos de trabalho para reproduzir fielmente seus palácios, o relevo de seu reino, suas conquistas, seu modo de vida e, principalmente, seu exército imperial.

Em 1974, três agricultores do Distrito de Lintong decidiram escavar um poço para irrigar suas lavouras, a cerca de 2 quilômetros da montanha que se acreditava ser o túmulo secreto do imperador Qin Shi Huang. Em certo momento, depararam-se com fragmentos do que parecia ser um homem de terracota. Ao ficar evidente a grandiosidade do que foi encontrado, arqueólogos de todo o país foram convocados, revelando fossos que ocultavam mais de 8 mil soldados, todos diferentes, com feições realistas e em perfeita formação de arqueiros, cavalaria, infantaria, generais e carruagens. A forma com que estavam postados permitiu até mesmo que se entendesse a estratégia usada pelo império ao atacar seus inimigos. Todas as estátuas eram cuidadosamente coloridas, mas infelizmente perdem a cor tão logo são desenterradas.

As armas reais que os guerreiros portavam revelaram, gravados em metal, inscritos que provam a ligação com o reino de Qin Shi Huang. Alguns detalhes impressionam, como, por exemplo, o fato de arcos e lanças terem sido construídos de forma padronizada e modular, facilitando a reposição de peças durante as batalhas. Outro achado admirável é o das espadas intactas e livres de ferrugem, com uma fina camada de óxido de cromo. Vale lembrar que a tecnologia atual de cromação só foi desenvolvida no Ocidente no século XX. Acredita-se que os poucos fossos até agora escavados, hoje cobertos pelos imensos pavilhões do Museu do Mausoléu de Qin Shi Huang, sejam uma pequena parte do aparato militar de terracota da dinastia Qin. Alguns estimam em 140 mil o número provável de estátuas, em tamanho natural, nos presumidos 180 fossos escondidos sob a superfície da região.

A tumba propriamente dita está escondida sob uma montanha em forma piramidal de 350 metros de lado e 76 metros de altura, que jamais foi escavada. Acredita-se que ela guarde o cerne do espetacular mausoléu, porém há receio de que tentar trazê-la à luz poderia destruir o que se está tentando preservar. Uma das características mais marcantes dos chineses é a paciência, e a ideia é aguardar, por gerações se for preciso, até que alguma tecnologia permita explorar de forma menos invasiva esse monumental tesouro. Não resta dúvida de que ainda há muito a ser descoberto.

O dragão, animal mítico que representa a China, é uma combinação imaginativa de diversos animais: a cabeça é de um búfalo; o nariz e a boca são de um leão; o corpo é de cobra; e as escamas de peixe e as garras são de uma águia. As lendas chinesas o retratam como um animal que vive nos céus, mares e rios. Essa fusão representa a força, a flexibilidade e a resistência que se vê nos quatro cantos desse imenso país que parece ter encontrado a fórmula do crescimento e da resiliência. Sabemos, contudo, que países e impérios fatalmente encontram o ocaso depois da pujança e da glória. O imperador que sucedeu Qin Shi Huang experimentou os louros da glória de seu pai em um curto período de paz e tranquilidade do imenso império. As figuras de terracota construídas pela segunda geração não seguravam armas, mas, sim, instrumentos musicais, manuscritos e obras de arte. Baixando a guarda, o segundo imperador permitiu que seus inimigos, antes duramente oprimidos, agora se organizassem para o contra-ataque.

A dinastia Qin, apesar de breve, traçou o destino da China de forma indelével. A pujança desse país de 1,5 bilhão de habitantes, a caminho de, até o final desta década, se tornar novamente (já o era até 1880) a maior economia do planeta, abisma e assombra o restante do mundo. Em sua busca incessante pela fórmula da imortalidade, o imperador dragão Qin Shi Huang pode tê-la encontrado, de alguma forma, por intermédio de seu inegável legado.

Macau
"Las Vegas" com anabolizantes

No modesto mercadinho, uma sorridente senhora, em idade avançada, vendeu-me uma garrafa de água e alguns chocolates. Paguei em patacas, a moeda local, agradeci e estava de saída quando escutei: "Vá com Deus". Surpreso, retornei para perguntá-la por que, naquela antiga colônia portuguesa, onde os nomes dos negócios e das repartições ainda aparecem em português, tão poucos falavam a língua de Camões. Ela explicou que era funcionária de uma repartição pública, por isso aprendeu a língua oficial do governo colonial. Foi a única pessoa que encontrei com quem pude conversar em minha língua nativa, resultado da estratégia lusitana de usar o português como uma espécie de código de governo, julgando que assim manteriam alguma superioridade ou vantagem.

Poucas horas antes, uma veloz embarcação hidrofólio e seus potentes propulsores Boeing haviam me trazido da fascinante Hong Kong, onde os britânicos adotaram por décadas a estratégia oposta, ensinando a língua inglesa e muitos de seus costumes à vasta maioria da população de origem chinesa. Por essas e outras, o desenvolvimento em Hong Kong se deu de forma bem mais acelerada e eficiente. Com os dois territórios devolvidos ao poder de Pequim entre 1997 e 1999, os chineses logo encontrariam uma forma de equalizar a riqueza e o desenvolvimento das ex-colônias, transformando Macau em uma versão oriental de Las Vegas. Graças aos ávidos e endinheirados chineses que ali aportam diariamente e que lotam os megacassinos, a indústria do jogo e entretenimento de Macau é hoje sete vezes maior do que a da "cidade do pecado" norte-americana.

Primeiro entreposto europeu na Ásia, a península de Macau foi ocupada por Portugal de 1557 até o final do último milênio. A cidade de 600 mil habitantes é hoje uma Região Administrativa Especial da República Popular da China que, assim como Hong Kong, segue o princípio "um país, dois sistemas", com governo e economia independentes da China continental, pelo menos em teoria. Quase 20% da população tem cidadania portuguesa, uma das heranças do período colonial, porém menos de 1% fala português ou seu dialeto local, o patuá macaense.

Nos restaurantes, os menus ainda oferecem comidas portuguesas tradicionais, como o caldo verde e os pastéis de Belém. Pelas ruas, tem-se a estranha sensação de estar nos confins da China e ver nomes de ruas, lojas, prédios do governo, notas e moedas de patacas etc. em língua portuguesa. Os bairros ainda se chamam freguesias e levam nomes cristãos. No Largo do Senado, centro da Freguesia da Sé, o calçamento de efeito ondulatório, tipicamente português, os prédios típicos como a Santa Casa de Misericórdia e os prédios do governo ilustram de forma peculiar esse interessante encontro das culturas portuguesa e cantonesa.

A fachada de granito da Igreja da Madre de Deus, conhecida hoje como Ruínas de São Paulo, foi o que restou de um incêndio que, em 1835, destruiu a basílica construída pelos jesuítas em 1565 e que nunca mais seria reconstruída. A fachada e a magnífica escadaria que até ela conduz são hoje os maiores símbolos de Macau. O adjacente Museu de Arte Sacra contém objetos de grande valor histórico de todas as antigas igrejas e conventos de Macau.

A forma desenfreada e avassaladora com que a região da foz do Rio das Pérolas cresce e se desenvolve, tanto na margem que abriga Macau como na margem oposta, em Hong Kong, é a prova de que os comunistas de Pequim há muito abandonaram o maoismo original. Com dois terços de seu território tomado do mar por aterros, Macau saiu de uma situação colonial de subdesenvolvimento e pobreza para, em menos de 20 anos, apropriar-se de um dos maiores PIB *per capita* do planeta.

Singapura
O LEÃO ENTRE OS TIGRES ASIÁTICOS

A chamada diáspora chinesa se refere à migração de milhões de cidadãos do país de Confúcio para outras regiões do planeta, em especial para países do sudeste asiático. Proporcionalmente, Singapura é de longe o maior símbolo dessa ocupação, com 76% da população originária de famílias vindas do Sul da China, seguido por Malásia (23%), Tailândia (16%), Indonésia e Myanmar, sem esquecer do considerável contingente chinês nos Estados Unidos, no Canadá, Peru e, nas últimas décadas, em países europeus como Reino Unido, França e Itália.

Nosso foco inicial é a pequena cidade-Estado da República de Singapura, segunda maior densidade populacional do mundo, com 5,5 milhões de habitantes que se comunicam em um inglês objetivo e sucinto. O grupo de ilhas, transformado no início do século XIX pelo inglês Stamford Raffles em posto avançado de comércio para o império britânico, é o portal marítimo do estratégico Estreito de Malaca. A independência veio em 1959, como parte da

Malásia, que, em 1965, expulsou o arquipélago que então se tornou um país soberano. O rápido desenvolvimento, em questão de poucas décadas, transformou a nação em um dos quatro tigres asiáticos, com Taiwan, Hong Kong e Coreia do Sul. Singapura tem a segunda maior renda *per capita* do mundo e, atualmente, é o lugar mais caro do planeta para morar.

Na maioria das mais de 30 vezes que estive no pequeno país, desembarquei em seu cartão de visitas número 1, o eficiente aeroporto de Changi, um dos polos do transporte aéreo global e o melhor e mais bonito complexo aeroportuário em que estive. A companhia estatal Singapore Airlines é, da mesma forma, uma das melhores do mundo, em um competitivo mercado asiático que faz com que o serviço de empresas aéreas ocidentais pareça oscilar do medíocre ao sofrível. Changi é também uma espécie de miniatura do país, com todos os aspectos que oferece em termos de organização, limpeza, eficiência e moderna arquitetura. Em uma nação próxima da perfeição já na primeira impressão, as ruas e estradas são imaculadamente limpas, com prédios e indústrias altamente desenvolvidos, arquitetura e paisagismo impecáveis e um povo disciplinado amplamente provido com benesses materiais, educação, saúde e infraestrutura. Assim como o aeroporto, todo o país se assemelha a um imenso *shopping center*, interligando negócios, hotéis, restaurantes, ruas e parques.

Pode-se dizer que todo esse desenvolvimento saiu da cabeça de um homem: Lee Kuan Yew, um indivíduo inteligente, perspicaz, ambicioso, arrogante e pragmático (termo mais ameno para alguém que trata escrúpulos de consciência como opcionais). Assumindo o comando do país desde a independência, em 1959, até 1990 e, posteriormente, mantendo-se como eminência parda até a morte, em 2015, Kuan Yew concebeu Singapura com um governo eficiente, que incentiva as empresas, com educação de qualidade e professores muito bem pagos. Localizado a um grau de latitude norte (137 quilômetros da linha do Equador), até o clima foi manipulado com uso de tecnologia, provando que o clima quente e úmido durante o ano todo não precisa necessariamente impedir o progresso. Além das 63 ilhas-satélites, aterros sobre o mar representam 25% do território singapurense. Enfim, uma experiência administrativa de grande sucesso.

É preciso lembrar que Singapura era uma nação pobre há menos de 50 anos. Por vezes, entrei no país pela porta dos fundos, cruzando a fronteira terrestre com a Malásia. Sobre a ponte que liga as duas nações, atravessam diariamente milhares de pessoas que passam o dia trabalhando na cidade e à noite retornam ao país de origem. Bem perto da fronteira, se vê também a pequena porção do território que os que chegam de avião não enxergam: casas humildes, antigas estações de trem semiabandonadas e a população menos abastada. São aspectos com os quais o singapurense médio lida com certo constrangimento, como quem despreza um parente pobre.

Kuan Yew soube captar e cativar os chineses da diáspora, que saíram de uma China oprimida pelo colonialismo, massacrada por conflitos e debilitada pelo vício do ópio, com um objetivo principal: ganhar dinheiro e proporcionar um futuro decente a suas famílias. Com isso em mente, o líder singapurense canalizou as forças dessa massa trabalhadora e criou a capital da "Terceira China", depois de Pequim e Taipei. Singapura é, possivelmente, o modelo do que será a China daqui a alguns anos, quando voltar a ser a maior potência econômica global.

↘ UM PONTO NO MAPA-MÚNDI E UM GIGANTE NA ECONOMIA GLOBAL

Entre os dez maiores bilionários de Singapura, há somente um que não tem origem chinesa, e ele é brasileiro. Eduardo Saverin é a segunda pessoa mais rica do país asiático, com patrimônio de cerca de 20 bilhões de dólares. Eduardo, que se naturalizou estadunidense em 1998, e seu ex-colega da Universidade de Harvard, Mark Zuckerberg, fundaram o Facebook em 2004. Sete anos depois, pouco antes do colosso das redes sociais tornar-se uma empresa de capital aberto, Saverin renunciou à cidadania americana, fixando residência em Singapura. A manobra diplomática do paulista de apenas 30 anos evitou o pagamento estimado de 255 milhões de dólares aos cofres públicos de Washington e provocou uma subsequente mudança nas leis americanas, que desde então exigem taxa adiantada sobre ganhos de capital nos casos de abandono da cidadania.

O *status* de paraíso fiscal de Singapura surgiu com a iniciativa de diversificar o país além do benefício relacionado à posição estratégica, concentrando empresas de tecnologia e do mercado financeiro. A fonte de riqueza baseada no transporte marítimo deixou de ser sustentável diante da potencial construção do Canal de Kra, na Tailândia, que encurtará a navegação na região em três dias, tornando a passagem pelo Estreito de Malaca obsoleta.

Para defender a independência de um local tão estratégico, portal de ligação marítima entre a Ásia e os demais continentes, fora as Américas, o país possui um aparato militar bem equipado e tropas bem treinadas em uma estratégia militar criada sob encomenda pela Força de Defesa Israelense nos anos 1970. O longo serviço militar é obrigatório para todos os homens, que seguem em treinamento regular por décadas, independentemente de sua atividade principal.

Nem tudo é moderno em Singapura. O sistema judicial, por exemplo, é baseado no antigo código penal do império britânico, com pena de morte para casos mais graves ou tráfico de drogas, penas longas de prisão para crimes relativamente leves e, seguidamente, açoitamento (das nádegas nuas) com varas de bambu. Entre outros exemplos, o país pune a venda e o contrabando de goma de mascar com dois anos de prisão e multa de até R$ 400 mil – uma das tantas penalidades salgadas praticadas pela nação.

No ar tropical e úmido do país, amenizado pelo arcondicionado sempre presente, vejo na população um medo velado permanente e a sensação de ser constantemente vigiada por um Estado policial. Em um país onde a polícia é majoritariamente eletrônica, com sensores e câmeras por toda parte, os pedágios, as taxas de estacionamento e o acesso a certas partes da cidade são pagos com um sensor único, instalado em cada veículo. Nada passa despercebido pelo "grande irmão". Os policiais de carne e osso trabalham em salas fechadas, diante de telas de vigilância, ou circulam à paisana entre a população.

Singapura, a cidade leão, nunca quis ser como os britânicos que a dominavam, mas sempre quis saber o que eles sabiam. Um dos princípios pouco alardeados da nação é o da democracia parcial. Apesar de ter partidos, eleições e parlamento unicameral de modelo britânico, na prática, um olhar mais aguçado mostra a supressão da oposição à dinastia Lee, no poder desde a independência, liberdade de expressão limitada, controle dos jornais e outros meios de informação e perceptível totalitarismo. O atual primeiro-ministro, Lee Hsien Long, é filho de Lee Kuan Yew e, antes de receber o bastão do pai, fez carreira no exército até atingir o posto de general. Enquanto a transferência do comando de pai para filho em países como a Coreia do Norte é duramente criticada, transições semelhantes passam despercebidas em países mais ricos, como Emirados Árabes, Arábia Saudita e Singapura.

A impressão que tenho é que, se por um lado o território, como Dubai, é ícone da organização e eficiência que projetamos para o futuro, por outro, a cada avanço, desaparece um pouco do que restava da identidade local. Para o turista comum, consumista e desinteressado em cultura e tradição, o local é perfeito. Tudo está voltado para o amanhã em uma redoma de ocidentalização que faz o entorno tórrido da natureza equatorial e a rica cultura malaia desaparecerem quase por completo. O chamado Modelo Singapura é aplicado nos negócios e no governo, baseado em meritocracia, planejamento de longo prazo e altíssimo índice de intervenção do Estado. Há, contudo, pouca autenticidade e, ao contrário de outros lugares do sudeste asiático, ali já não se escuta mais a voz da história e da tradição. O preço do desenvolvimento acelerado foi a formação de uma cidade um pouco sem vida, com um povo sem forte identidade e esquecido de seu passado cultural. Um corpo elegante e vital que, cada vez mais, carece de alma.

Bangkok
Um sonho da adolescência

Nos anos 1980, uma canção da banda de rock Rush parecia para mim uma profecia, ou um desejo incontido de explorar o mundo. A letra de *A Passage to Bangkok*, do álbum "2112" (1976), fala de uma fascinante jornada que sai da América do Sul, passando pelo Caribe, México, norte da África, Oriente Médio e pela Ásia Central, a caminho da capital tailandesa, Bangkok.

Recentemente, assisti a uma entrevista com os músicos canadenses na qual explicavam que a letra insinuava uma espécie de turismo psicodélico, por locais mais liberais com o uso recreativo de *cannabis* e de suas variantes, como o haxixe. Na juventude, felizmente, eu ignorava essa interpretação e a inspiração gerada era mais nobre, alimentando o sonho de viver paisagens, culturas, aromas, sabores e, especialmente, conhecer as histórias e as almas ao longo do trajeto. Por essa razão, no aeroporto de Bangkok, ao pisar

Embarque imediato

pela primeira vez o solo tailandês, aquela música voltou com força à minha mente.

Bem além do apelo visual de belas praias e paisagens, para absorver a cultura do país que até a metade do século passado se chamava Sião, é preciso abstrair-se da atual realidade de sua capital de 11 milhões de habitantes. Bangkok, cujo nome oficial abreviado é Krung Thep (o nome completo tem mais de 160 caracteres), é uma megalópole suja, com trânsito caótico e ar carregado de chumbo, onde um suicídio acontece a cada hora, uma pessoa em cada cinco não tem onde morar e uma mulher em cada trinta se prostitui. A chamada "cidade dos anjos", por outro lado, ainda conserva locais pitorescos, onde a população mora em palafitas e se locomove em pequenos barcos por canais estreitos e mercados flutuantes. Na carona de um sonoro táxi motocicleta (*tuk-tuk*), saí à procura de um pequeno barco que me levasse por essas vias menos poluídas e mais tradicionais e logo encontrei o sorridente Arthit, meu anfitrião aquático naquele final de semana.

No aspecto turístico, os palácios e templos budistas de Bangkok são imperdíveis. O enorme e luxuoso Grande Palácio é um complexo que servia como residência da família real tailandesa até 1925 e que requer horas para ser visitado em detalhes. Próximo dali está Wat Pho, o Templo do Buda Deitado, uma estátua de 45 metros de comprimento difícil de ser enquadrada em fotografias. De volta ao Rio Chao Phraya, a principal via aquática, o próximo destino foi Wat Arun, um templo com torres de quase 100 metros de altura e vertiginosas escadarias externas, que é ainda mais impressionante visto de longe, durante o pôr do sol. Entre uma visita e outra, fiz uma pausa para assistir a uma incrível e arriscada exibição de domadores de serpentes.

Bangkok está sofrendo mais do que a média das cidades com o aquecimento global, como resultado do aumento do nível dos oceanos combinado com o excesso de arranha-céus, que bloqueiam a brisa do mar e, aos poucos, afundam essa que é considerada a cidade mais quente do planeta. É a vingança da natureza contra quem não respeita sua harmonia; no caso, contra nós, a espécie humana. Como em outras regiões asiáticas, o cavalo de Troia da modernização (leia-se também ocidentalização) extraiu um pouco do fascínio e do espírito do lugar. Aliás, quem quiser sentir o espírito siamês puro e pulsante deve dar um pulo a Vientiane, no vizinho Laos, enquanto há tempo. Bangkok, se pessoa fosse, estaria, infelizmente, a caminho de perder a memória e a consciência.

Na diáspora chinesa, a Tailândia é o país com maior número absoluto de imigrantes, com quase 10 milhões de ancestrais do país de Mao, que formam a maior comunidade chinesa fora da China. Mais que na maioria dos países do sudeste asiático, os sino-tailandeses souberam se integrar na sociedade e se entranhar na economia e na política do país. A maioria dos empresários, políticos e primeiros-ministros têm alguma ascendência chinesa. A Tailândia, porém, jamais perdeu a personalidade, talvez por ter sido o único país do sudeste asiático que nunca foi colonizado por europeus.

A viagem descrita na canção do Rush foi um dos tantos estímulos para sentir e viver experiências e culturas do planeta. Nem sempre é factível, e nunca é fácil, mas considero fundamental escutar esses chamados e, quando possível, usá-los para decidir nosso caminho. Em outro álbum do grupo, "Permanent Waves" (1980), a letra de *Freewill* (livre-arbítrio) alerta: "Se escolhes não decidir, ainda assim fizeste uma escolha".

O PRINCÍPIO DA INCERTEZA

"*Na busca da verdade, é necessário que ao menos uma vez na vida você duvide de todas as coisas, da maneira mais profunda possível*" (René Descartes).

A lua cheia espiava pela renda das cortinas na casa de meus avós. Era a primeira vez que viajávamos só nós dois, e, aos 9 anos, a sensação de ser parceiro de viagem de meu pai me fascinava, mesmo que fosse só por uma noite.

Abri o antigo armário de madeira nobre e pesada, guardando as poucas roupas que havia trazido, o que fez com que me sentisse em casa. Naquela noite, os quadros arcaicos com gravuras de crianças diante de Cristo e de anjos deixaram de me amedrontar. Deitamo-nos nas estreitas camas, separadas por um criado-mudo coberto por um antigo losango de crochê. Com o cansaço da longa viagem, o duro colchão de palha ofereceu um afetuoso abraço.

Ser seu filho era e seguiria sendo um velho e doce hábito, porém, a nova e inusitada sensação daquele dia era de me sentir também seu irmão, orgulhoso da cumplicidade que trespassava a realidade do mundo atemporal das histórias de infância que meu pai contava desde muito cedo. No universo leve de suas lembranças, proteção se tornava desnecessária e só havia espaço para desfrutar cada instante. Eram histórias que traziam sempre uma lição e que pareciam dar sentido a tudo.

A primeira luz do dia me despertou. Fiquei imóvel, admirando profundamente o que estava vivendo. Pensei nele ainda criança, alimentando sonhos e, talvez sem saber, decifrando aos poucos sua personalidade e seu potencial. Inspirado, pensei no meu próprio futuro, pela primeira vez com uma visão alegre e esperançosa. Hoje penso que, para mim, se iniciava ali um longo e ininterrupto aprendizado, de como confiar na incerteza mais do que temê-la. De como, em vez de fugir da dúvida, me deixar guiar pela perplexidade.

Quando o sol finalmente apontou na janela, velei seu sono e, ao perceber que acordava, fingi cochilar por alguns segundos, para então abrir os olhos e ver seu sorriso. Não trocamos palavra e, dessa forma, dissemos tudo. O barulho da cozinha, o galo cantando, o sino da igreja e, em interlúdios, o silêncio matutino formaram a sinfonia mais perfeita na noite mais linda que aos poucos se encerrava. A noite que eu nunca deixarei que termine.

***

Roma, quatro décadas mais tarde. Abro os olhos e, na cama ao lado, enxergo meu filho, também ele com 9 anos, que me observa. Sorrimos em silêncio, e fui automaticamente levado àquela noite inesquecível ao lado de meu pai.

A Via Nazionale é uma movimentada avenida que conecta a Praça da República, próxima da principal estação ferroviária da capital italiana, aos principais pontos turísticos da cidade. Decidi que ali seria um local conveniente para me hospedar com a família por alguns dias. No modesto Albergo Repubblica, a idade da mobília, a datada decoração, o elevado pé-direito e as enormes janelas indicavam que o hotel havia mudado muito pouco desde o período dos Estados papais.

Antes e depois de cada passeio pela cidade eterna, caminhávamos ao longo da ampla alameda, passando por um prédio menos conhecido, o Palácio das Exposições, sede de mostras e eventos culturais. Fora do roteiro turístico, o edifício neoclássico de 1883 seria somente mais um ponto de referência. Em cada passagem, porém, meu filho insistia que deveríamos entrar, e após alguns dias acatamos finalmente aquele pedido. Na visita, me deparei com uma fantástica exposição sobre a incerteza que, apesar do caráter mais científico, me proporcionou intensa reflexão e providencial inspiração.

O físico Werner Karl Heisenberg foi um dos pioneiros nos estudos da Mecânica Quântica, descrevendo as propriedades físicas de partículas atômicas e subatômicas. Após publicar as bases de sua teoria, a intenção de Werner passou a ser esclarecer questões complexas e paradoxais sobre suas conclusões. Assim, em 1927, o alemão publicou *O princípio da incerteza*. Uma síntese frequentemente utilizada e demasiadamente simplificada desse estudo é a de que "alteramos o mundo quando o observamos". Na realidade, o que Heisenberg determinou é que não há forma de se medir concomitantemente mais do que uma característica elementar do comportamento subatômico. Ou seja, quanto mais precisamente medimos uma propriedade, como, por exemplo, a velocidade de um elétron, menos exatamente se pode determinar outras, como sua exata posição.

O físico chegou a essa angustiante conclusão ao tentar observar a posição de um elétron, o que só é possível ao introduzirmos sobre a partícula alguma forma de radiação, cuja energia fatalmente perturbará seu caminho e alterará sua velocidade (ou quantidade de movimento, em termo mais acadêmico). Da mesma forma, para medirmos a velocidade, é necessário minimizar a interferência da radiação, o que torna então impossível conhecer precisamente a posição. A formulação de Heisenberg provou que tal incerteza não pode ser eliminada e que, na prática, não podemos tratar partículas quânticas como tratamos objetos do cotidiano. No caso das partículas subatômicas, podemos, na melhor das hipóteses, usar probabilidade e estatística para aferir tais informações.

A exposição "Incertezza" me provocou a associar o comportamento meramente científico de corpos e partículas físicas com nossa tentativa permanente, como indivíduos ou como sociedade, de compreender a realidade e os fenômenos pessoais e sociais. A incerteza, que se manifesta como dúvida, interrogação, perplexidade, instigação ou incentivo, olha predominantemente para o futuro, em uma visão sustentada por uma riqueza de experiências e processos de enorme complexidade. Ela é, dessa forma, aspecto central de nossa existência e, da consciência da inevitabilidade da dúvida, aparece como uma oportunidade de ouro de usá-la como aliada e conselheira.

Segundo Aristóteles, pensar requer ócio. Temos que encontrar esse tempo livre para refletir e, se possível, registrar nossas dúvidas e reflexões. Para mentes abertas ao aprendizado e ao desenvolvimento, a vida é, ou deveria ser, uma saudável sucessão de revisões e de autocrítica. A forma com que enxergamos o mundo, que Goethe chamou de "Weltanschauung", é a calcificação da avalanche de regras e informações que recebemos e tentamos processar. É natural que, nessa torrente de dados e sensações, surjam questionamentos, inseguranças e incertezas. Mais importante, as questões que parecem perguntas irritantes em nossas reflexões podem ser, na realidade, um extraordinário atalho para o autoconhecimento, em um processo permanente de cura e de correção da rota em pleno voo.

Agentes de instabilidade que somos, mergulhamos em conflitos, conosco e entre nós. Tais antagonismos geram avanços e descobertas e, por vezes, retrocesso e sofrimento. Da incerteza, resta o que parece ser nossa única convicção: a de que dela viemos, nela nos alimentamos e para ela retornaremos.

Abracei meu filho naquela manhã romana e, mergulhado no amável transtorno entre ser filho e pai, naveguei por gerações de mapas de incerteza e encantamento. Naquela hora, tudo fez sentido.

LEIA TAMBÉM

Mar Incógnito
Viagens, experiências e descobertas
244 págs. | 978-65-88737-29-3 | 14 x 21cm

Relatos de viagem sempre encantam as pessoas. A oportuna ideia de reuni-los em livro é um presente para os leitores. Aidir não fez somente uma, mas centenas de viagens nas quais teve o cuidado de não apenas observar super-ficialmente a paisagem, a geografia, mas sensivelmente foi atento aos elementos que constituem a alma das pessoas com as quais se deparou. Ao leitor é dado conhecer as mais diversas e multifacetadas culturas, enriquecendo a bagagem de conhecimentos daquele que imerge em suas narrativas. O autor tem lentes aguçadas para captar os mais distintos elementos de ciência, política, religião, literatura, gastronomia, arquitetura, levando-nos a mergulhar nesse mar incógnito que teve a oportunidade de desbravar. E não se detém exclusivamente em apresentar os cenários mais glamourosos dos países, aqueles que integram os roteiros dos turistas convencionais, mas foca também os espaços da dor, da discórdia, dos horrores que permeiam os caminhos da humanidade.